운이 풀리는

운명 독법

최상용 지음

일상과 이상을 이어주는 책 **일상이상**

# 운이 풀리는 운명독법 ⓒ2019, 최상용

초판 1쇄 찍은날  2019년 6월 17일
초판 1쇄 펴낸날  2019년 6월 24일

펴낸이  이효순
편집인  김종필

펴낸곳  일상과 이상
출판등록  제300-2009-112호
주소  경기도 고양시 일산서구 일현로 140 112-301
전화  070-7787-7931
팩스  031-911-7931
이메일  fkafka98@gmail.com

ISBN 978-89-98453-63-3 (03180)

운이 풀리는

# 운명독법

運 命 讀 法

최상용 지음

일상이상

# 차례

## 머리말

# 잘되는 사람은 운부터 바꾼다

살아가면서 누구나 생각해 보고 의문을 던지는 '운명運命', 요즘같이 어려운 시기에는 특히나 운명에 관심 가질 것입니다.

예나 지금이나 자기에게 주어진 운명을 알기란 쉽지 않은 일입니다. 그래서 많은 사람들이 자기의 운명을 알기 위해 점집을 찾고 있으며, 사주四柱와 관상觀相 등을 알아보고자 관련 전문가를 찾는 일이 과학문명이 고도로 발전한 요즘에도 그치지 않고 있습니다. 미래의 운명을 알면 치열한 생존경쟁에서 자신에게 얼마나 유리한지는 두말할 필요가 없을 것 같습니다.

그렇다면 운명이라는 게 진짜 있을까요? 결론부터 말하자면 대체적으로 있다는 데 무게를 두는 것 같습니다. 천명과도 같은 선천적인 메시지가 담긴 명命이 이미 결정된 것이라면, 운運은 후천적으로 자신의 마음과 몸의 움직임에 따라 얼마든지 변화할 수 있답니다. 내 몸의 주체인 마음에 따라 하루에도 수시로 바뀌는 것이 '운'이랍니다. 그러니 운을 좋은 쪽으로 바꾸고 싶다면 마음가짐과 몸가짐부터 바꿔야 합니다.

이 책에서는 운이 좋아지게 하는 방법을 건강운健康運·재물운財物運·학업운學業運·직업운職業運·사업운事業運·애정운愛情運 등 여섯 항목으로 나누어 살펴보았답니다. 『사서삼경』과 『도덕경』, 『장자』 등 동양고전을 통해 옛사람들이 운에 대해 밝힌 지혜를 소개했으며, 관상법을 이야기할 때 빼놓을 수 없는 서적인 『마의상법麻衣相法』과 『상리형진相理衡眞』을 통해 얼굴에 드리운 정보를 읽어내려 했답니다. 특히 건강운에 대해 다루는 제1부에서는 다른 운에 비해 보다 많은 지면을 할애해 다양한 측면에서 이야기를 전개했답니다. 건강을 잃게 되면 다른 운은 기대할 수도 없기 때문이죠.

자신의 운명을 예지하거나 빈부귀천貧富貴賤을 추리하는 데 있어 관상법만큼 확실한 방법은 없을 것 같습니다. 관상법이란 사주四柱와 같은 어떤 부호를 토대로 추정하는 게 아니라 얼굴과 같은 형상과 거기에 나타난 기색氣色으로 그 사람의 지난 과거나 현재의 상태를 살펴 다가올 미래를 예측하기 때문입니다.

그래서 옛말에 "나이 40이 넘으면 자신의 얼굴에 책임을 져야 한다"고 했습니다. 자신의 언행과 마음상태가 그대로 우리 몸에 반영되기 때문이죠. 실제로 연륜과 경험이 많은 노인들은 그 사람의 안색과 행동거지만을 보고서도 그 사람의 이력을 알아내곤 합니다.

특히 관상은 이러한 몸과 마음의 상호 유기적 관계성을 파악해 그 사람의 미래를 예측합니다. 그래서 전해 오는 관상서에 따르면 체형이 준수하고 용모가 수려하면 부귀장수하지만 형체가 옹졸하고 얼굴이 빈약하면 빈천하고 단명할 상이라 해왔습니다.

그러나 "사주보다는 관상이요, 관상보다는 심상이다"는 말이 있습니다. 이 책을 서술하는 데 기본 교재가 될 『마의상법麻衣相法』을 기술한 희이 진단希夷 陳摶: 872~989은 심상편心相篇에서 "마음이라는 것은 용모의 근간이 되는 것이니 마음 쓰는 것을 살펴보면 그 사람의 좋고 나쁜 점이 저절로 나타난다. 그래서 행동은 곧 마음의 표현이라 할 수 있으니 그 사람의 행동거지를 관찰해 보면 길흉화복의 결과를 미리 알 수 있다"며 마음의 중요성을 말하였습니다.

그러면서도 "열 길 물속은 알아도 사람의 마음은 알 수 없다"고 했으니, 그 사람의 마음을 외관상으로 보다 쉽게 파악할 수 있는 방법이 곧 관상법인 겁니다. 그래서 예부터 관상을 통해 그 사람의 심리상태는 물론 행동거지를 예측했던 것이죠. 관상법이 중요하고도 널리 통용되는 이유입니다.

『마의상법』은 마의도자麻衣道者가 화산의 석실에서 그의 제자인 진단에게 전수한 상법이라 해서 『마의상법』이라 명명하게 된 것이며, 관상법의 원조라 할 수 있습니다. 따라서 필자는 이 책을 집필하기 위해 『마의상법』을 기본서로 하고 또 다른 관상서인 『상리형진相理衡眞』을 참고하였습니다. 『상리형진』은 『마의상법』 이후에 저술된 수십여 종의 관상서들을 요약 정리한 것으로, 청나라의 진담야陳淡埜가 한데 묶었습니다. 두 책 모두 얼굴을 12궁 명궁, 재백궁, 형제궁, 전택궁, 남녀궁, 노복궁, 처첩궁, 질액궁, 천이궁, 관록궁, 복덕궁, 부모궁 으로 나누어 살펴보고 있답니다.

습관 하나만 바꿔도 관상이 바뀌고 운이 바뀔 수도 있습니다. 심신상관心身相關이라 했으니, 매일 아침 거울을 보고서 밝고 맑게 소리 내어 웃는 것만으로도 현재의 얼굴모습을 바꿀 수 있습니다. 소리 내어 웃는 것이 민망하다면 밝게 미소만 지어도 얼굴표정과 함께 관상이 달라질 수 있습니다. 이는 곧 마음을 통해 몸을 바꾸는 방법이죠.

그래서 선인들은 평소에도 신독愼獨을 강조했습니다. 『대학』에서는 신독을 강조하기 위해 "군자는 반드시 그 홀로 있을 때에도 도리에 어긋나지 않게 항상 조신해야 한다"라고 했고, 『중용』에서는 "은밀한 곳보다 더 잘 드러나는 것은 없고, 미세한 것보다 더 뚜렷하게 나타나는 것은 없다. 그러므로 군자는 그 홀로 있음에도 조심하는 것이다"라고 하였습니다.

이는 곧 『장자-외편』에서 언급한 "평소의 습관은 성격이 되고 그 성격은 운명을 만드는 법"이라는 주장과도 크게 다르지 않습니다. 즉 반복적인 생각은 마음가짐이 되고, 마음가짐은 행동을 유발하여 습관을 만드는데, 이렇게 형성된 습관이 곧 우리의 운명이 되는 것이죠. 따라서 반복적으로 좋은 생각을 하고, 혹은 자신이 설정한 삶의 목표를 되새기다 보면 결국엔 이루어지게 되는 원리가 바로 몸을 통한 체득體得의 원리인 것입니다.

매일 아침 거울을 통해 얼굴을 살펴보는 습관을 기르면 자신의 운을 보다 나은 쪽으로 만들어갈 수도 있는데, 이 책에는 건강운·재물운·학업운·직업운·사업운·애정운 등을 좋아지게 하는 방법들이 소개되어 있습니다. 이제까지 필자는 수만 명의 사람을 만나 상담해 주었는데, 그중 상당수가 필자가 권한 방법을 실천하다 보니 운이 바뀌고 삶이 바뀔 수 있었습니다.

평소에 '남들보다 더 많이 노력했는데도 왜 나만 잘 안될까?' 하고 고민하고 계시던 분들에게, 이 책이 미력하나마 도움이 되길 바랍니다.

휴심재休心齋에서 죽곡竹谷 **최**상용崔相鎔

# 제1부

## 건강운이 풀리는
## 운명독법

# 동양고전에서 찾은 건강운

예나 지금이나 많은 사람들이 사회와 가정의 안정 그리고 몸과 마음의 건강을 바랐습니다. 『장자』「양생주」에서는 "우리의 삶에는 한계가 있지만, 우리의 앎에는 한계가 없습니다. 한계가 있는 것으로 한계가 없는 것을 따르는 것은 위험스러울 뿐입니다. 그런데도 알려고 한다면 더욱 위험스러울 뿐입니다. 착한 일을 하더라도 명예로움을 가까이하지 말고, 나쁜 일을 하더라도 형벌에 저촉되는 일이 없어야 합니다. 선악을 넘어 중도를 기준으로 삼는다면, 몸을 보전할 수 있고 삶을 온전히 할 수 있으며 부모를 공양할 수 있고 천수를 누릴 수도 있습니다"라고 했습니다.

또 『장자』「대종사」에서는 "자연이 하는 일을 알고 사람이 하는 일을 아는 이는 지극한 경지에 도달한 사람입니다. 자연이 하는 일을 아는 사람은 자연과 더불어 살아갑니다. 사람이 하는 일을 아는 사람은 자신이 알아낸 지식으로써 알지 못한 것을 알아갑니다. 그렇게 하여 천수를 누리고 중도에 요절하지 않으니, 이만하면 '앎의 극치'라 할 수 있습니다" 라고 했습니다.

그런데 옛사람들은 몸이 건강하기 위해서는 마음부터 헤아려야 한다고 생각해 '심재좌망心齋坐忘'을 강조했습니다. 심재心齋는 『장자』「인간세편」에 나오는 단어로 인간의 감각이나 의식을 잠재우고 마음을 화평하게 하는 것인데, 심재에 대해 제자 안회가 묻자 스승 공자가 다음과 같이 대답합니다.

"너는 마음을 하나로 집중하여라. 그러고는 귀로 듣지 말고 마음으로 듣고, 다음엔 마음으로 듣지 말고 기氣로 감응하여라. 귀로는 소리를 들을 뿐이고 마음으로는 외부 사물을 인식할 뿐이어야 한다. 그렇게 하면 기는 텅 비어서 모든 사물을 받아들이게 되지. 도道는 오직 텅 빔 속에 모이는데, 이 텅 비움이 곧 심재心齋란다."

좌망坐忘 역시 『장자』「대종사편」에 나오는 어휘로 일상의 잡다한 생각을 잊어버리는 좌선법을 말합니다. 안회가 스승 공자를 찾아뵙고 말합니다.

"그간 제 공부에 많은 성장이 있었습니다."

이에 스승 공자가 다시 묻습니다.

"무슨 말인지 들어볼까?"

이에 안회가 대답합니다.

"저는 요즘 좌망에 들게 되었습니다."

스승 공자가 깜짝 놀라며 묻습니다.

"좌망이라니, 그게 무슨 말이냐?"

안회가 공손히 말합니다.

"손발은 물론 몸도 잊어버린 채 눈과 귀의 작용도 멈추게 합니다. 그리고는 육체를 떠나 앎도 잊어버린 채 저 대자연의 도를 통해 일체가 됩니다. 이것을 앉은 채 모든 걸 잊어버리는 '좌망坐忘'이라 하옵니다."

스승 공자가 대견한 듯 밝은 미소를 지으며 말합니다.

"대자연의 도와 일체가 되면 사사로움도 없게 되고, 도에 따라 변화하면서도 집착할 게 없어지지. 너야말로 현인賢人이로구나. 나도 너의 뒤를 따르고 싶구나!"


이처럼 옛 선현들은 몸이 건강하기 위해서는 마음부터 헤아려야 한다고 말했지만 바쁜 일상을 보내는 여러분은 심재좌망을 실천하기 어려울 것입니다. 건강운이 좋아지게 하는 습관을 기르는 법을 알아보기 전에 우선 관상법부터 알아보기로 합시다.

# 12궁을 알면 건강운이 보인다

관상법이란 얼굴에 나타난 형상과 기색을 살펴 그 사람의 과거나 현재, 미래를 알아보는 것입니다. "나이 40이 넘으면 자신의 얼굴에 책임을 져야 한다"는 말이 있는데, 자신의 언행과 마음상태가 그대로 우리 얼굴에 반영됩니다. 실제로 연륜과 경험이 많은 노인들은 얼굴만 살펴도 그 사람이 어떤 사람인지 알아내곤 합니다.

관상법에서 가장 기본적이면서도 중요하게 여겨온 것은 얼굴을 열두 가지 궁으로 나타낸 12궁十二宮도입니다.

이 그림에서 건강운을 파악할 때는 먼저 질액궁병 질疾, 재앙 액厄을 살펴야 합니다. 질액궁은 두 눈썹의 중앙 인당 바로 아래 코의 뿌리인 산근山根에 위치해 있습니다. 『마의상법』에 따르면 "이곳이 높고 풍만하면 부모를 비롯한 조상의 유산이 많고, 특히 코끝과 콧마루가 풍부하고 안정된 모양이면 질병이나 재앙이 없습니다. 그러나 이곳에 흉터와 같

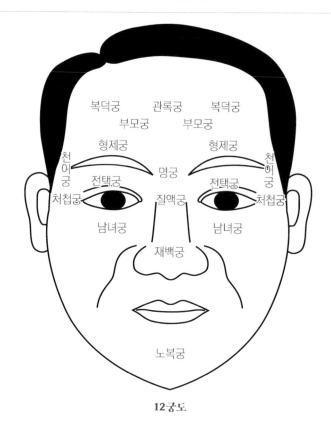

**12궁도**

이 패어 있거나 뼈만 돋고 비뚤어져 있으면 질병이나 액운이 깃들며, 이곳의 기색이 어둡거나 희미하면 재난이나 액운이 깃들 수 있습니다"라고 했답니다.

『상리형진』에서는 "인당과 산근 부위가 환하게 밝아서 교교히 흐르는 달빛처럼 밝고 풍부하고 높으면 재앙과 병들이 어찌 거기에 머무를 수 있을 것이며, 등이 우뚝 솟아오른 엎드린 무소伏犀와 같으면 글 솜씨가 뛰어나고, 밝게 빛나고 광채가 서리면 오복이 온전하게 갖추고 있음을 알 수 있습니다"라고 하였답니다. 또 "이 질액궁 부위에 푸른빛이 감돌면 근심이나 놀람 증세와 함께 귀신의 재앙을 피하기 어렵답니다. 여기에 붉은빛이 비치면 자신도 모르게 놀라고 갑자기 울음을 터트리기도 합니다. 또 흰빛이 일어나면 처자식에게 슬픔이 있는 것이고, 검은빛이 감돌면 잦은 실수를 범하게 되며 집안 전체의 질병과 근심을 예방하여야 합니다. 그러나 분홍빛, 누런빛, 자주빛이 서리면 가정에 기쁨과 함께 좋은 징조가 다가옴을 알 수 있죠"라고 하였습니다.

그래서 필자 역시 매일 아침 세수하기 전에 인당과 함께 이 질액궁의 기미를 살피곤 한답니다. 이 두 부위에 밝고 붉은 윤기가 감돌면 그날의 건강상태와 함께 심신이 양호하다는 걸 알 수 있죠. 만약 어두운 그림자가 드리워 있으면 되도록 대외적인 일을 삼가고 조신하려고 신경을 쓴답니다.

다음에 제시한 〈오행 속성의 귀류표〉를 미리 알아두면 여러모로 유익합니다. 사실 동양학의 큰 틀은 음양오행론에 모두 담겨 있기 때문이죠. 특히 관상법에서 많이 참조하는 것은 다섯 가지 색을 나타낸 오색五色과 육기六氣입니다.

음양설과 오행설은 원래 독립되어 있었으나 대략 기원전 4세기 초인 전국시대戰國時代에 결합되어 여러 가지 사물의 현상들을 설명하는 틀로 사용되었습니다. 어원을 살펴보면 '음陰'은 '어둠'과 '양陽'은 밝음과 관련되어 있습니다. 음이라는 글자는 언덕언덕 부阝과 그늘그늘 음侌을 합성해 응달과 음지를 뜻하면서 땅을 상징하고, 양陽이라는 글자는 언덕阝과 별별 양昜을 결합해 양지라는 뜻과 함께 모든 빛의 원천인 하늘을 상징하고 있습니다.

우리 인간의 생명력은 음양장부인 오장육부五臟六腑의 운용 능력에 달려 있습니다. 오장五臟: 肝·心·脾·肺·腎은 우리 몸 깊숙한 곳에 감추어진 채 생명이 다하는 순간까지 한순간도 쉬지 않고 제 역할을 다하는 음陰의 기관이며, 육부六腑: 膽·小腸·三焦·胃·大腸·膀胱는 몸의 표면과 가까운 곳에 위치하며 일정시간만 활동하고 창고와 같은 역할을 하는 양陽의 기관에 해당합니다.

『서경·홍범편』에서는 오행五行에 대하여 "그 첫째는 수水이고, 둘째는 화火, 셋째는 목木, 넷째는 금金, 다섯째는 토土이다. 수의 성질은 물체를 젖게 하고 아래로 스며들며, 화는 위로 타올라 가는 것이고, 목은 휘어지기도 하고 곧게 나가기도 하며, 금은 성형의 틀인 주형鑄型에 따르는 성질이 있고, 토는 씨앗을 뿌려 추수를 할 수 있게 하는 성질이 있다. 젖게 하고 방울져 떨어지는 것은 짠맛鹹味을 내며, 타거나 뜨거워지는 것은 쓴맛苦味을 낸다. 곡면曲面이나 곧은 막대기를 만들 수 있는 것은 신맛酸味을 내고, 주형에 따르며 이윽고 단단해지는 것은 매운맛辛味을 내며, 키우고 거두어들일 수 있는 것은 단맛甘味을 낸다"고 하였습니다.

〈오행 속성의 귀류표〉는 오행에 따라 오장육부의 건강여부를 파악하는데, 중요한 것은 해당 색이 밝은지 어두운지입니다. 밝으면서 윤기가 흐르면 해당 장기가 건강하다는 것이며, 어둡고 흐릿하면 건강하지 않음을 나타내기 때문입니다.

즉 얼굴이 밝은 청색을 띠면서 윤기가 흐르면 간담이 건강하다는 신호이며, 반대로 어둡고 흐릿한 색을 띠고 있으면 간과 담에 문제가 있음을 예시하는 것이죠. 이러한 기색은 얼굴만을 보고 판단하지만 보다 정확한 진단을 위해서는 손의 안과 밖은 물론 몸 전체를 참고하는 것이 중요합니다.

그리고 손발 및 몸 전체가 따뜻한지 차가운지를 살피는 것도 중요하답니다. 대체적으로 손발이 따뜻하다면 건강의 척도인 혈액순환이 잘 이루어지고 있는 것이죠. 그러니 동서양에서 공히 두한족열頭寒足熱, 즉 머리는 시원하게 손발은 따뜻하게 하라는 겁니다. 우리를 두렵게 하는 각종 암癌은 냉성질환이라 할 수 있습니다. 그래서 치료방법인 약물치료나 방사선요법이 몸에 열기를 일으키는 것이죠. 그러니 항암치료를 받고 나면 체온이 오르게 됩니다.

어느 날 요즘 자주 뵙는 분이 필자에게 하소연을 했습니다.

"항암치료만 받고 나면 몸에서 열이 나고 어지럽기도 하는데, 왜 그럽니까?"

"바로 이러한 현상은 체온을 높여 혈류순환을 개선시키려는 의도가 있기 때문입니다. 우리 몸을 이루는 70여조 개의 세포에 영양분과 함께 에너지를 공급해 주는 것이 혈액인데, 생성된 노폐물을 체외로 배출해 주는 것 또한 혈액입니다. 그러니 혈액순환이 원활하게 이루어지고 있는지를 파악하기 위해 손목 부위에 위치한 촌구맥을 통해 그 정도를 파악하는 것이랍니다."

## <오행 속성의 귀류표歸類表>

| 오행五行 | 목木 | 화火 | 토土 | 금金 | 수水 |
|---|---|---|---|---|---|
| 육기六氣 | 풍風 | 화火<br>서暑 | 습濕 | 조燥 | 한寒 |
| 오방五方 | 동東 | 남南 | 중中 | 서西 | 북北 |
| 오계五季 | 춘春 | 하夏 | 장하長夏 | 추秋 | 동冬 |
| 십천간十天干 | 갑을甲乙 | 병정丙丁 | 무기戊己 | 경신庚辛 | 임계壬癸 |
| 십이지十二支 | 인묘寅卯 | 사오巳午 | 진술축미<br>辰戌丑未 | 신유申酉 | 해자亥子 |
| 오운간五運干 | 정임丁壬 | 무계戊癸 | 갑기甲己 | 을경乙庚 | 병신丙辛 |
| 육기지六氣支 | 사해巳亥 | 자오子午<br>인신寅申 | 축미丑未 | 묘유卯酉 | 진술辰戌 |
| 오시五時 | 평단平旦 | 일중日中 | 일질日昳 | 하포下哺 | 야반夜半 |
| 오색五色 | 청靑 | 적赤 | 황黃 | 백白 | 흑黑 |
| 오미五味 | 산酸(신맛) | 고苦(쓴맛) | 감甘(단맛) | 신辛(매운맛) | 함鹹(짠맛) |
| 오취五臭 | 조臊(누린내) | 초焦(탄내) | 향香(향기) | 성腥(비린내) | 부腐(썩은내) |
| 오장五臟 | 간肝 | 심心<br>심포心包 | 비脾 | 폐肺 | 신腎 |
| 육부六腑 | 담膽 | 삼초三焦<br>소장小腸 | 위胃 | 대장大腸 | 방광膀胱 |
| 십이경十二經 | 족소음足厥陰<br>족소양足少陽 | 수소음手少陰<br>수태양手太陽<br>수궐음手厥陰<br>수소양手少陽 | 족양명足陽明<br>족태음足太陰 | 수태음手太陰<br>수양명手陽明 | 족태양足太陽<br>족소음足少陰 |

# 간 건강을 위해서는
# 눈과 손톱을 살펴봐야

한의학에 대해 잘 모르시더라도 '오장육부五臟六腑'라는 말을 한 번쯤은 들어보셨죠? 오장육부는 우리 몸의 내부 장기들을 가리키는 말입니다. 오장五臟은 간장·심장·비장·폐장·신장콩팥이고, 육부六腑는 대장·소장·쓸개담·위·삼초·방광입니다.

앞에서 우리는 음양오행론에 대해 간단히 살펴보았는데요. 음양오행론에 의하면 우리 몸의 간肝과 담膽은 오행五行 중 목木에 속합니다. 그래서 간과 담을 아울러 목부木部라 이르기도 합니다. 간은 음陰의 간과 양陽의 담낭이 부부관계라 할 수 있는 음양관계를 맺으며, 우리 몸의 근육, 신경, 손발톱, 눈과 상호작용을 하면서 지각운동, 혈액대사, 발열, 영양대사, 해독 등에 관여하고 있습니다.

동양의학에서 말하는 간은 단지 해부학상의 간장만을 의미하지 않습니다. 동양의학의 오장육부작용은 상호 유기적인 연대를 맺을 뿐 아니라 전체적인 의미를 함축하고 있습니다. 따라서 간계肝系라고 할 때는 계통적인 기관과 기능까지를 포함하고 있습니다.

먼저 간의 생리작용에 대해 간단히 말씀드리자면 다음과 같습니다.

첫째, 대사작용입니다. 간은 탄수화물 대사와 단백질 대사, 지방 대사로 이러한 물질대사를 증대시킴으로써, 골격근과 함께 우리 몸의 체온을 유지할 수 있는 열 발생원을 생성하기도 합니다.

둘째, 담즙배설작용입니다. 담즙은 지방의 소화와 지용성 비타민 그리고 철분이나 칼슘 등의 흡수를 촉진할 뿐 아니라 약물 등의 독성을 체외로 배설시키기도 합니다.

셋째, 해독작용입니다. 독극물이나 약물 그리고 우리 몸에서 생긴 유해물질을 처리하고 혈액 속의 불필요한 물질을 배설시킵니다.

넷째, 혈액량의 조절입니다. 간장은 혈관이 풍부하여 예비 혈액을 비축하고 있다가 급작스런 충격이나 상처로 인해 문제가 발생하면 혈액량을 조절해 줍니다.

다섯째, 다양한 인자를 만들어 출혈이 생길 때 응고작용을 합니다.

한마디로 간은 하는 일이 500가지도 넘는 우리 몸의 화학공장이라 할 수 있답니다. 하는 일이 많은 만큼 일차적인 병인病因도 간에서 비롯된다고 할 수 있죠. 그래서 많은 병적인 것들이 간을 노리고 있습니다. 그런 만큼 간은 탈이 나기도 쉬운데, 면역기능의 중추인 것이죠.

우리 몸은 이상 현상이 발생하면 생명유지의 중추적인 역할을 담당하고 있는 오장간, 심장, 비장, 폐, 신장이 하소연은커녕 그냥 묵묵히 맡은 바 소임을 다할 뿐이랍니다. 이들은 웬만하면 참고 넘어간답니다.

그렇다고 우리 몸의 체계가 그렇게 허술하지는 않답니다. 오장의 기능에 이상이 생기면 유기적인 관계를 맺고 있는 신체기관에서 다양한 방법으로 몸의 병적 현상을 알려줍니다. 그 신호체계는 오늘날의 첨단 통신체계보다도 훨씬 정밀하고 정확합니다. 그러나 우리가 그 이상 신호를 무시하거나 알아차리지 못해 문제가 발생하는 것이죠.

우리 몸의 병적인 현상들은 어느 날 갑자기 나타나는 법은 없답니다. 항상 그 전조증상들이 나타나기 마련이며, 활동하는 데 크게 불편하지 않다고 무시해 버리거나 묵과하고 넘어가는 잘못된 습관이 문제랍니다. 우리 몸이 다양한 신호체계를 통해 여러 번 알려주는데도 몸의 주인인 마음이 무시해 버리면 다음부터는 관련 계통의 신호체계는 아예 작동하지 않게 됩니다. 그러다 어느 날 죽을상을 지으며 병원으로 약국으로 달려갑니다. 세상사에 대해 관심을 갖는 것도 좋지만 이제는 자기 몸이 보내는 하소연만이라도 귀 기울여 주어야 합니다.

어느 날 필자에게 간기능에 문제가 생긴 사람이 찾아왔습니다.

"요즘엔 만사가 귀찮고 마땅히 할 일도 없답니다. 제가 간경화를 앓고 있거든요!"

간경화의 또 다른 이름은 '간경변증'입니다. 우리 몸속 대부분의 장기가 그렇듯이 간도 정상적으로는 말랑말랑한 형태를 띠죠. 그러나 염증을 비롯한 다양한 이유로 반복적인 조직손상이 일어나게 되면 흉터처럼 딱딱하게 변형되는데, 이런 질환을 간경변증이라고 부릅니다. 간의 재생능력이 뛰어나다는 건 익히 알려진 사실입니다. 그러나 염증이 지속적으로 발생하게 되면 손상과 재생이 반복적으로 이뤄지며 간 조직이 딱딱하게 변형됩니다. 이렇게 딱딱하게 굳어진 간 조직은 제 기능을 다할 수 없게 되죠. 이렇게 간경변증이 나타나게 되면, 다시는 회복될 수 없습니다.

문제는 간경화가 특별한 증상 없이 조용히 시작되기 때문에 생기게 됩니다. 간은 70~80% 손상될 때까지 뚜렷한 증상을 알아차릴 수 없어 '침묵의 장기'라고도 불립니다. 때문에 환자가 증상을 알아차렸을 때는 이미 간이 상당히 손상된 경우가 매우 많습니다. 따라서 간경화의 원인으로 꼽히는 만성 B형간염, C형간염을 가지고 있거나 평소에 술을 즐겨 마시는 분들이라면 미리미리 간경화 증상에 대해 자세히 알아두는 게 좋겠습니다.

간경화의 가장 첫 번째 증상으로는 만성피로가 꼽힙니다. 이유 없이 몸의 피로가 반복되고, 충분히 휴식했는데도 피로가 풀리지 않는다면 간경화를 의심해야 합니다. 식욕부진과 체중감소 역시 간경화의 대표적인 증상이죠. 특별히 음식을 잘못 섭취한 것도 아닌데 속이 메스껍다거나 토할 것 같은 느낌이 자주 반복된다면 간경화 초기증상이 아닌지 확인해야 합니다. 피부에 거미 모양의 혈관종이 나타나는 것도 간경화의 징후로 볼 수 있답니다.

간경화가 초기에서 조금 더 진행되면 눈과 피부가 노랗게 변하는 황달이나 피부 가려움증 등이 나타나게 됩니다. 간 손상으로 인한 호르몬 대사 이상으로 손바닥이 붉게 변하기도 하고, 남성의 경우 고환이 위축되고 여성과 같이 유방이 커지기도 합니다.

그렇다면 평소에 간이 건강한지를 알아볼 수 있는 방법이 있을까요?

우리 몸은 개별적인 부속품이 아닌 유기적인 시스템으로 구성되어 있기 때문에 다양한 방법으로 몸의 이상여부를 각각의 기관을 통해 알려줍니다. 이들 중에서도 가장 쉽게 파악할 수 있는 곳은 바로 눈과 손톱이랍니다.

특히 간기능의 이상 유무를 쉽게 알아볼 수 있는 기관은 눈이랍니다. 돌출된 뇌腦라고 불리는 눈은 우리 마음과 몸의 현재 상태를 알려주는 '마음의 창'이기도 합니다. 물론 눈의 각 부위들은 오장의 기능과 연관되어 있지만 특히 간장과 밀접한 연관을 맺고 있답니다. 눈의 흰자위에 누렇게 황달이 드리우거나 조금만 무리를 해도 눈곱이 끼는 것은 간이 힘들다는 겁니다. 눈이 갑자기 침침하거나 시리거나 뻑뻑해도 그렇답니다. 눈에 나타나는 현상들뿐만 아니라 다른 신체기관들에 나타나는 이상 현상을 기술하자면 끝이 없지만 여기서는 간략히 살펴보기로 합시다.

근육과 힘줄도 간과 밀접한 관계가 있습니다. 간기능이 저하되면 신체의 근육이나 힘줄이 부분적으로 경직되거나 지나치게 이완되어 활동하기가 쉽지 않답니다. 그래서 부분적으로 근육이 뭉쳐 뻐근하거나 권태감을 느끼거나 마비 증상들이 나타납니다. 대표적으로 자주 쥐가 나거나 안면근육이 씰룩거리거나 입이 어느 한쪽으로 돌아가는 현상, 또는 몸의 어느 한쪽이 마비되는 일명 '중풍'이 간기능과 밀접한 연관을 맺고 있습니다.

간기능의 이상 유무는 손발톱의 색깔이나 무늬 또는 모양을 살펴보더라도 알 수 있습니다. 윤택한 연홍색이라면 건강한 상태지만 그 외 여

러 색깔과 무늬에 따라 오장육부의 상태를 알아볼 수 있답니다. 너무 희
면 빈혈을, 너무 붉으면 혈압을, 검푸르면 간과 신장의 이상을, 황색의
무늬가 있으면 소화기질환을, 흰색의 얼룩무늬가 있으면 신경쇠약을
의심해 볼 수 있는 것이죠. 또한 손톱뿌리 부분의 초승달과 같은 흰색부
위三日月의 크기에 따라 다양한 정보를 얻을 수도 있답니다.

# 심장 건강을 위해서는 혀를 살펴봐야

음양오행론에 의하면 우리 몸의 심장心臟과 소장小腸은 오행五行 중 화火에 속합니다. 그래서 심장과 소장을 아울러 화부火部라 이르기도 합니다. 심장은 음陰에 해당하고 소장은 양陽에 해당합니다. 또한 무형의 장부인 심포心包와 삼초三焦 역시 화부에 속합니다. 이들은 혈관이나혀, 좌우측의 손과도 관련이 있습니다. 또한 영양소 및 각종 필수 인자와 노폐물 등을 수송하며, 체온을 일으키거나 과도한 열을 발산시키는 등의 조절작용을 하고 있답니다. 특히 심포는 우측 신장과 더불어 조혈기능을 담당하고 있으며, 상초·중초·하초로 나뉘는 삼초는 소화기계와 밀접한 연관을 맺고 있답니다.

심장을 오행의 화火에 배당한 것은 우리 인체에서 열 공급을 주관하고 있기 때문이죠. 그래서 유난히 더위를 잘 타는 사람은 심장기능이 여타 장부에 비해 항진되어 있으며, 반대로 수은주가 조금만 떨어져도 몸을 사리는 사람은 심장기능이 상대적으로 저하되어 있는 것이랍니다.

동양학에서는 화火를 리離, ☲괘로 나타내며 태양을 상징화하였는데, 소우주인 우리 인체에서는 심장을 태양에 비유하고 있답니다. 즉 태양열인 심장의 열에 따라 몸의 계절도 바뀌는 것이죠. 이 말은 대자연의 순환을 거스르면서 인위적으로 열 조절을 하지 말고 자연의 법칙에 순응하라는 것이랍니다. 지나친 냉난방에 몸을 의지해서는 안 되고, 몸도 계절감을 느껴야 한다는 것이죠.

동양의학에서 심장을 군주지관, 즉 군왕이라 한 것은 "몸 전체가 심장이다"는 말과 상통합니다. 우리 몸 구석구석을 혈관으로 연결하고 있는 심장은 적혈구를 통해 생체자기력과 산소, 열과 영양소 등을 전신에 공급하는 일을 담당합니다.

우리는 단순히 심장의 펌핑작용으로 10만여 킬로미터에 달하는 혈관을 통해 혈액이 흐르는 것으로 알고 있으나 그렇지만은 않답니다. 세세한 혈액순환은 혈구세포들의 정보작용과 관련이 깊으며, 심장의 보다 큰 역할은 동맥과 정맥을 통한 혈액의 유도작용이라 할 수 있습니다. 다시 말해 심장의 가장 중요한 역할은 오장육부가 요구하는 혈액량을 적절하게 분배하는 것이랍니다.

다음으로 심장과 음양 관계인 소장은 음식물의 소화와 양분흡수를 주로 하는 열기관이기 때문에 냉성질환인 암에도 잘 걸리지 않습니다. 창자의 길이는 식성에 따라 다른데, 초식동물은 길고 육식동물은 비교적 짧습니다. 초식동물인 소는 몸길이의 22배 정도이고, 사람은 몸길이의 다섯 배 정도로 육식동물에 가깝답니다.

소장과 대장 사이에 위치한 충수, 일명 맹장盲腸으로 잘못 불리는 조그마한 기관을 아무 일도 하지 않는 눈먼 창자로 인식하여 제거수술을 하는 경우가 있는데, 이는 잘못된 경우입니다. 충수는 더운 열기의 소장과 찬 기운의 대장 사이에서 열을 조절하는 중요한 기관이기 때문입니다. 여하튼 우리 몸에 불필요하게 존재하는 것은 없습니다.

어느 날 필자에게 심장기능에 문제가 있는 사람이 찾아왔습니다.

"조금만 움직여도 가슴이 벌렁거리고 호흡이 가빠져요. 그러니 뭘 할 수 있겠어요? 그저 멀뚱하게 있을 수밖에요."

그렇다면 평소에 심장이 건강한지를 알아볼 수 있는 방법이 있을까요? 심장의 이상여부를 알려주는 대표적인 기관은 입속의 혀舌랍니다. 심장은 마음작용을 대표한다고 하여 그 모양을 하트♥로 표시하기도 하는데, 그것을 표현하는 혀는 마음의 싹, 즉 심묘心苗라 하기도 합니다. 심장의 싹수를 보아서도 건강여부를 알 수 있는 겁니다.

건강한 혀는 담홍색을 띠고, 특히 혀끝으로 올수록 붉은색을 띱니다. 물론 윤기도 흘러야 좋습니다. 예부터 "혀가 길면 장수한다"고 했는데, 대체로 혀가 길면 심장이 튼튼하기 때문이랍니다. 또한 혀에 끼는 설태舌苔에 따라서도 여러 가지 병증을 알 수 있답니다.

먼저 심장이 너무 항진되어 있는 경우부터 알아봅시다. 심장에 과부하가 걸려 열기가 넘칠 때는 혀 표면에 하얗게 백태가 나타납니다. 이러한 경우에는 신장腎臟의 기능저하로 인해 심장에 열이 발생해 바싹바싹 타들어가는 듯한 열熱증이 생깁니다.

혀에 누르스름한 황黃태가 끼는 것은 위胃에 열이 많아 심장에 영향을 주었기 때문입니다. 황태가 심해지면 거무스름한 흑黑태로 변하는데, 심장에 열이 울체되어 있기 때문에 그런 것입니다. 혓바늘이 돋아나는 것을 망극芒棘이라 하는데, 입 안이 건조할 때 발생하는 이 증상역시 심장의 열 때문에 발생한 것이죠. 여러분은 한 번쯤 입이 바짝바짝 타들어가는 듯한 증상을 느끼셨을 겁니다. 이렇게 심장이 무리한 작용을 하게 되면 혀에 반응을 보입니다. 심장기능이 저하될 때는 입 안이마르고 혓바닥이 빨갛게 되어 자극성이 심한 음식을 먹을 수 없을 만큼아리고 통증이 생기기도 합니다.

이외에도 중환자들은 대개 혀를 길게 내밀 수 없거나 혀가 떨리는데, 이는 심장에 열이 많기 때문에 그런 것입니다. 또 혀가 말려 말이 잘 나오지 않는 것도 심장의 이상 징후를 나타내는 현상입니다. 특히 혀가 전체적으로 어두운 자주색을 띤다면 심장에 심각한 이상이 있다는 것을의미합니다.

# 위와 비장의 건강을 위해서는
# 입술과 발가락을 살펴봐야

음양오행론에 의하면 우리 몸의 위胃와 비장脾臟은 오행五行 중 토
土에 속합니다. 그래서 위와 비장을 아울러 비위脾胃라 하기도 하는데,
토부土部라 이르기도 합니다. 비위脾胃는 음陰인 비장과 양陽인 위가
음양 관계로서 부부관계를 유지하며, 음식물을 소화 및 흡수할 뿐 아니
라 이를 저장하였다가 각 장부에 해당 영양물질을 공급하는 중요한 임
무를 맡고 있습니다.

일반적으로 비장의 작용은 일정기간이 지난 적혈구를 파괴하여 철분
등으로 재활용하고 림프구를 생성하기도 합니다. 또한 비장은 면역항
체를 만듦과 동시에 체내에 침입한 각종 병원체를 박멸하기도 하는데,
이러한 면역기능을 주로 담당하는 간기능이 약화될 때는 비장에게 보
다 많은 역할이 떠넘겨지게 됩니다. 그래서 간경화 등으로 간이 제 기능
을 수행하지 못할 경우에는 비장이 대신 하느라 비정상적으로 커지게

되는 것이죠. 그리고 혈액의 저장과 조혈작용에도 관여하고 있답니다. 비장과 더불어 소화기계에 속하는 췌장은 인슐린을 통해 체내의 신진대사를 돕고 있습니다.

다음으로 위의 역할을 살펴봅시다. 입을 통해 들어온 음식물은 일차적으로 치아에 의해 적당히 부수어지며, 침과 섞어진 후 식도를 통해 밥통인 위로 보내어집니다. 위에 음식이 들어오면 보통 3~4시간 머무는데, 일정한 간격으로 일어나는 연동운동으로 위액과 섞이며, 유문부의 맷돌과 같은 운동을 통해 더욱 잘게 부수어진 상태에서 소장으로 넘어갑니다. 위액은 하루에 대략 2~3리터 정도가 분비되며 물과 알코올, 약 등이 흡수됩니다.

동양의학에서는 위가 소화작용을 일으킬 때 위기胃氣로 흡수된 에너지는 비장으로 가고, 죽처럼 변한 나머지 것은 소장으로 인계되는 것으로 봅니다. 이 위기는 비장에 갈무리되었다가 각 장부로 보내어져 각 장부의 원기가 되는 것이죠.

동양의학은 기氣의학이라 할 수 있답니다. 모든 사물은 각자 고유한 기의 특징인 맛과 색깔을 갖는데, 우리는 자생적으로 그러한 에너지를 만들어낼 수 없어 외부적인 물질을 통해 얻는 것이죠. 비위의 작용은 이러한 물질을 에너지화하는 것이랍니다. 즉 우리 인체는 비위를 통해 음식물에서 물질적인 에너지를 얻고, 호흡기인 폐를 통해 미물질 상태의 에너지인 공간자기를 흡수합니다. 지구는 하나의 큰 자성체나 다름이 없지요. 그러니 지구라는 공간의 주위에는 수많은 자기입자들이 감싸고 있답니다.

형체를 이루고 있는 우리 인간에게 물질 에너지는 아주 중요합니다. 이러한 물질 에너지를 비장과 위에서 담당하고 있으니, 예부터 동양의 학에서는 비위를 오행의 토土에 배당하며 중용中庸의 장부로 보기도 하였답니다. 그러나 이것은 작용의 측면에서 그러할 뿐 오장육부가 상호 조화롭게 운용되는 데 있어서는 각 개인의 운기체질에 따라 다르답니다.

이러한 비위의 건강상태를 눈으로 확인할 수 있는 곳은 입과 입술입니다. 입과 입술이 바짝바짝 타들어가듯이 마르면 위에 열이 많다는 것을 의미하므로, 위염을 의심해 볼 수도 있답니다. 입의 양쪽 구석의 입꼬리가 헐거나 물집 같은 것이 생기는 것 역시 위장장애가 있음을 나타내고 있는 것이죠. 입술의 색깔 역시 위의 상태를 말해 주고 있답니다. 일반적으로 입이 크고 위아래 입술이 적당히 도톰하고 탄력이 있으면서 혈색이 좋으면 비장과 위가 건강한 것입니다. 입이 비뚤어져 있으면 비위뿐 아니라 신장계통의 기관들도 이상이 생긴 것입니다.

우리 주변에는 위장장애를 앓고 있는 분들이 의외로 많습니다. 어느 날 필자에게 비위의 기능에 문제가 사람이 찾아왔습니다. 그는 평소에 소화기장애를 앓고 있었습니다.

"늘 속이 더부룩하기도 하고 쓰리기도 해 병원에 가서 정밀진단을 받았는데, 위암이라며 절제 수술을 받고 나서는 항암치료를 받아야 한다는 겁니다."

그래서 그는 항암치료를 받으면서 절식과 소식을 위주로 하루 다섯 끼 식사를 하고 있다고 하였습니다. 우리는 어려서부터 "하루에 세 끼를 먹으라"는 말을 들어왔지만 하루에 몇 끼를 먹으라고 규정하기는 쉽지 않습니다. 건강한 사람이라도 과식보다는 절식과 소식을 하는 것이 바람직한데, 자연 속에서 생활하고 있는 90대의 어떤 할아버지는 배가 고플 때만 식사를 한다고도 하였고, 필자의 경우에는 하루 한 끼만을 먹은 지가 10년이 넘습니다.

그렇다면 평소에 비위가 건강한지를 알아볼 수 있는 방법이 있을까요? 간과 위는 서로 밀접하게 관련 있는 장부입니다. 우리 몸의 건강은 이 두 장부가 거의 대부분을 책임지고 있다고 해도 과언은 아니랍니다. 그래서 간에 스트레스를 가하는 화가 치밀 때는 위도 가세해 음식물의 섭취를 거부하게 됩니다.

우리는 보통 외부적인 요인에 의해 스트레스를 받는다고 생각하는데, 음식물이나 독성이 강한 약물 등에 의해서도 강력한 내적인 스트레스를 받게 됩니다. 소화하기 힘든 것들을 꾸역꾸역 먹다 보면 위는 위대로 힘들고, 간은 간대로 이러한 물질들에서 나오는 독성을 해독해야 하느라 강한 압박을 받게 된답니다. 그래서 동물들을 유심히 지켜보면, 몸에 이상 현상이 생기면 적당히 쉴 만한 장소에 사나흘 정도 웅크리고 앉아서 아무것도 먹지 않습니다. 이는 몸의 자연치유력을 높이려는 본능적인 행동입니다. 다시 말해 외부의 음식물로부터 에너지를 받아들이는 게 아니라 자체에 축적된 에너지를 활용하면서 장부 간의 조화를 꾀하는 것입니다.

우리 몸에 음식물이 들어오면 모든 장부가 이를 처리하기 위해 가동됩니다. 적당량이 들어오면 별문제 없겠지만 과식하게 되면 오장육부

뿐 아니라 여타의 기관들도 힘들어합니다. 특히 몸이 아플 때 과식을 피해야 하는 이유가 여기에 있답니다. "먹고 죽은 귀신은 때깔도 좋다"고 해서 막무가내로 먹는 것은 문제가 있답니다. 식보食補가 최고라지만 몸의 내부 사정을 살펴가면서 먹는 게 중요하다고 할 수 있죠.

위기능의 이상여부는 다른 신체부위를 살펴보더라도 알 수 있답니다. 만성적인 소화기질환을 앓고 있는 사람은 위장경락이 흐르는 무릎관절에 문제가 생기기도 합니다. 위열이 가중되면 무좀이 발생하기도 하고 입 냄새가 심하게 납니다. 위장장애는 두통을 일으키기도 하는데, 특히 앞머리 부위가 아프게 됩니다. 그리고 눈 밑이 거무스레하게 변색되어 있다면, 이 또한 위기능에 문제가 있음을 알리는 신호라 할 수 있답니다.

비위의 이상여부를 보다 쉽게 알아볼 수 있는 방법이 있답니다. 비장과 간 경락이 시작되는 엄지발가락과 위 경락이 끝나는 두 번째 발가락을 서로 엇갈리게 비벼보는 방법이랍니다. 탄력 있게 두 발가락을 교차할 수 있다면 별탈이 없겠지만 마음대로 잘되지 않으면 비위기능에 문제가 있습니다. 대부분의 만성적인 당뇨환자들은 이러한 운동이 잘되지 않는답니다. 두 발가락을 자주 엇갈려 교차시키면 비위기능을 강화할 수도 있습니다.

# 폐와 대장의 건강을 위해서는
# 호흡을 잘해야

음양오행론에 의하면 우리 몸의 폐肺와 대장大腸은 오행五行 중 금金에 속합니다. 그래서 폐와 대장을 아울러 폐부肺部라 하고, 금부金部라 이르기도 합니다. 폐肺부는 음陰인 폐와 양陽인 대장이 음양 관계를 유지하며 우리 몸의 호흡을 담당합니다. 폐는 코를 통한 호흡을 주관하고 대장은 피부호흡을 담당합니다. 폐와 대장은 간담이나 비위처럼 서로 밀접한 관계를 맺고 있는 것 같지 않지만 그렇지 않습니다. 폐와 대장은 횡격막을 경계로 상하에 위치하며, 호흡조절을 통해 신체의 외기압과 내기압을 조정하는 임무를 맡고 있답니다.

폐와 피부를 통한 호흡은 우리의 생명을 유지하는 데 절대적으로 중요합니다. 물질화된 음식은 열흘 넘게 먹지 않아도 생명을 유지할 수 있으나 호흡을 통해 얻을 수 있는 무형의 에너지인 산소와 자기력이 단 몇 분만 공급되지 않아도 생명을 잃게 됩니다. 이렇듯 중요한 역할을 하는 폐부는 어느 장부보다도 질병현상에 민감하게 반응하고 감염도 빠르게 진행됩니다. 감기가 그 대표적인 증상이라 할 수 있죠.

일반적으로 감기는 고열을 동반하는데, 폐기능에 이상이 생기면 나타나는 현상입니다. 대부분 고열을 내리기 위해 별생각 없이 해열제를 복용하기도 하는데, 경우에 따라서는 증상을 더욱 악화시키는 빌미가 되기도 한답니다. 모든 사물은 극즉필반極卽必反하게 되어 있습니다. 폐의 허열로 인해 열이 생겼다면 해열제 등을 먹어도 무방하지만 실열로 인해 발생한 열이라면 오히려 열을 올리는 방법을 써야 합니다. 그렇지 않고 계속해서 해열제 등만 먹게 되면 열기가 더욱 기승을 부려 급성폐렴 등으로 악화되고, 생명이 위급한 지경에 몰리기도 하는 겁니다. 즉 냉기가 극에 달하면 오히려 열기로 반전되는 것이죠.

호흡은 폐와 대장의 건강뿐만 아니라 불면증 등 정신 건강에도 중요한데, 필자를 찾아오는 사람들에게 다음과 같은 종식법과 조신법, 조식법, 조심법 등의 호흡법을 권해 드리고 있습니다. 종식법에 대해서는 뒤에서 불면증을 이야기할 때 설명해 드릴 것이니 여기서는 생략하고, 조신법과 조식법, 조심법에 대해 알려드리겠습니다.


## 몸을 다스리는 조신법 調身法

조신調身은 신체 각 부위의 움직임을 통해 몸 전체를 조화롭게 다스리는 법을 말합니다. 물론 호흡과 마음의 조화가 동시에 이루어져야 그 효과가 배가됩니다. 몸의 단련만을 앞세워 하다 보면 오히려 전체적인 조화를 깨뜨려 크고 작은 몸의 부조화를 초래하여 결국에는 수명을 단축하는 결과를 낳고 맙니다. 이러한 사례는 우리 주위에서 쉽게 볼 수 있습니다. 육체적 힘에 의존하는 격투기 등을 수십여 년 해오던 사람들은 수명이 상대적으로 짧습니다.

모든 수련에서 기본적으로 활용하고 있는 동공動功: 몸을 움직여 신체를 단련하는 법 은 그 기원이 상고시대로 거슬러 올라갑니다. 몸을 움직여 신체의 각 기능부에 골고루 생기가 흐르게 하는 동작들이 주류를 이룹니다. 이러한 동작들은 보편적으로 우리 주변 동물들의 움직임을 본받은 것이 대부분입니다. 그 대표적인 것이 명의 화타가 서민들의 질병예방을 위해 만들었다는 오금희五禽戲: 다섯 동물인 노루, 곰, 호랑이, 학, 원숭이의 대표 동작 입니다. 이러한 동작이 주가 된 도인법導引法 등은 지역과 환경적인 영향을 고려하여 만들어졌습니다.

즉 날씨가 추운 북방 쪽에서는 동작들이 크고 힘이 넘쳐 추위로 인한 기혈순환의 장애를 극복하는 데 주안점을 두었고, 날씨가 더운 남방 쪽에서는 동작들이 비교적 작고 느리지만 몸 전체의 기혈순환을 통해 건강을 유지하고자 하는 데 주안점을 두었습니다.

이러한 동공류動功類의 수련법은 너무나 많아서 헤아리기가 쉽지 않습니다. 아주 간단해 보이는 동작에서부터 고난이도의 기예동작에 이르기까지 실로 다양하지만, 동작의 난이도에 따라 점수가 매겨지는 체조의 경우처럼 그 동작의 난이도에 따라 동공수련을 통해 추구하고자 하는 기혈순환이 잘 이루어진다고 볼 수는 없습니다. 사계절이 비교적 뚜렷한 우리나라에서는 봄·여름·가을·겨울과 개인의 신체적 특성에 따라 자신에게 맞는 동작을 취해 수련하는 것이 좋을 겁니다.

동공수련에서는 각자의 신체적 특성을 고려하여 백맥百脈을 잘 유통시켜 생리적인 조화를 이루는 것이 중요합니다. 즉 다양한 동작보다는 몸의 조화를 추구해야 합니다. 수행을 하다 보면 처음에는 화려하고 온몸을 움직이는 커다란 동작들을 해야만 몸이 개운한 것을 느낄 수 있지만 점차적으로 수행의 정도가 깊어질수록 그 동작들은 작고 간단해집니다. 백맥이 잘 유통되면 움직임을 위주로 하는 동공수련에서 고요함을 위주로 하는 정공靜功 수련으로 발전하는 것이죠. 다시 말하면 기혈순환이 막힘없이 잘 소통되어 신체적 조화가 이루어지면 마음 또한 고요해지고 호흡도 깊고 은미해지는 것입니다. 즉, 몸과 마음, 호흡이 유기적으로 연결되어야 심신의 조화를 꾀할 수 있습니다.

동작이 크고 거칠면 거칠수록 호흡 또한 거칠어지고 마음도 고요해질 수 없습니다. 따라서 몸을 수련할 때 가장 중요한 것은 동작에 따른 근육 등의 움직임을 항상 마음으로 내관內觀할 수 있어야만 호흡 또한 거기에 융합되어질 수 있습니다. 동작을 하면서 몸 따로 마음 따로 한다면 결코 수련의 효과를 기대하기 어렵답니다.

## 호흡을 다스리는 조식법 調息法

조식調息은 호흡을 통해 몸과 마음을 올바르게 가다듬는 수련법입니다. 살아 있는 모든 것은 호흡을 통해 그 생명을 유지한다고 보아도 크게 무리는 없을 겁니다. 우리 인체가 먹고 마시는 것보다도 더욱 소중한 것이 숨, 바로 호흡입니다. 어느 누구를 막론하고 10분 이상 숨을 쉬지 않고 견뎌낼 사람은 많지 않습니다. 그만큼 호흡은 우리 생명력을 유지하는 필수요소입니다.

어떻게 하면 깊고 고요한 호흡을 할 수 있는가는 조신調身과 조심調心에 달려 있습니다. 즉 심신이 안정되면 호흡 또한 몸과 마음처럼 고요해질 것이기 때문이죠.

호흡의 조절은 몸과 마음을 운용하는 데 있어 아주 중요한 매개체 역할을 하고 있습니다. 어떠한 큰일을 치르기에 앞서 일시적인 심리적 안정을 위하여 몇 번의 호흡조절만으로도 가능할 수 있음을 누구나 쉽게 경험하였을 겁니다. 그만큼 호흡은 우리 몸과 마음을 조절하는 강력한 수단이 될 수 있는 것이죠. 이 말은 반대로 호흡을 가만히 들여다보면 지금 현재의 몸과 마음상태를 가늠할 수 있습니다. 즉 날숨과 들숨의 장단비율에 따라 그 의미해석이 달라집니다.

호흡은 크게 두 종류로 나눌 수 있습니다. 일상적으로 코를 통해 숨 쉬는 폐식호흡肺息呼吸과 누구나 일정기간 어머니의 탯줄을 통해 하였던 태식호흡胎息呼吸 혹은 피부호흡이 바로 그겁니다. 폐호흡은 코를 통해 하기 때문에 일반적으로 쉽게 수긍하지만 피부호흡의 중요성은 간과하기 쉽습니다. 그러나 피부호흡은 오히려 폐호흡보다 더 중요합니다. 예를 들면, 좌우 두 개의 폐 중 어느 한쪽을 떼어내어도 생명에는 큰 지장이 없지만 피부의 경우에는 전체의 3분의 1 정도만 화상을 입어도 우리 몸은 심각한 통증을 느끼고 호흡곤란을 겪을 수 있습니다.

피부호흡은 모공을 통해 하는데, 주로 양기가 많고 인체의 활동량도 많은 아침이나 낮 시간에 모공이 열려 활발하게 운용됩니다. 폐는 음陰에 해당하기 때문에 폐호흡은 상대적으로 활동량이 줄고 에너지가 덜

필요한 저녁의 수면시간에 오히려 증대됩니다.

복부 전체를 휘돌고 있는 대장은 허파의 들숨 날숨 시에 배의 들고남을 통해 피부호흡을 주관하고 있습니다. 즉 복식호흡은 단지 폐를 통한 호흡뿐만 아니라 피부의 수많은 모공을 통해 동시에 호흡을 하고 있는 것이죠. 나이가 들어감에 따라 피부도 노화되어 모공을 통한 피부호흡이 줄어드는데, 이에 따라서 복식호흡도 잘 이루어지지 않습니다. 즉 유아기 때는 특별히 수련을 하지 않아도 자동적으로 복식호흡이 이루어지는데 나이가 들어감에 따라 점점 상부로 올라가 흉식호흡을 하게 되고, 종국에는 숨이 턱밑까지 차오르게 되면 생명력을 유지하기가 어려워지는 겁니다.

이러한 호흡을 통해 우리 인체는 무엇을 얻는 것일까요? 우리가 일반적으로 알고 있듯이 단지 공기 중의 산소를 흡입하고 체내에 쌓인 이산화탄소와 같은 탁기만을 배출할까요? 그렇지 않습니다. 앞에서도 설명했지만 공간에 무수히 유동하고 있는 자기입자磁氣粒子를 받아들이는 겁니다. 폐가 오행 중에 금金에 배당된 것은 단지 우연만은 아닙니다. 자기성은 유독 쇠에 잘 흡착되어 흐르는 특성을 가지고 있습니다. 즉 폐를 통해 유입된 자기력이 철분을 다량 함유하고 있는 적혈구의 핵인 헤모글로빈에 담겨져 70조 개에 이르는 우리 몸의 각 세포에 에너지원으로써 공급되는 겁니다.

우리 민족을 흔히 백의민족이라 하는데, 이 또한 많은 것을 상징하고 있습니다. 오행의 색상분류에 따르면 백색을 띠는 것들은 폐부의 기능을 도와줍니다. 요즘 웰빙 바람이 불며 심신의 조화를 도모하는 요가나

기공, 참선 등의 수련방법들이 유행을 타고 있습니다. 예부터 대부분 수련하는 사람들은 백색 옷을 즐겨 입었는데, 폐부의 호흡과 무관치 않습니다. 우리 민족은 어느 민족보다도 심신수련을 중요한 영성의 진화수단으로 삼아왔습니다.

### 마음을 다스리는 조심법 調心法

조심調心은 마음을 통해 몸 전체를 조화롭게 다스리는 법을 말합니다. 우리 몸의 주인은 마음입니다. 마음에서 이루어지면 몸에서도 이루어집니다. 수련학修練學에서는 이를 심기혈정心氣血精이라 하는데, 마음心을 몸속의 특정부위에 집중하면 몸을 유동하는 기氣가 일어서고 뒤따라 물질적 에너지원을 공급하는 혈액이 왕성해지면서 정精 또한 왕성해집니다. 무형의 마음이 어디에 머무느냐에 따라 파동형태의 기를 뒤따르는 것들 역시 그 행보를 같이하게 됩니다.

여기에서 가장 중요한 것은 마음을 통해 어떠한 정보를 몸에 보내느냐입니다. 부정적인 마음이 넘쳐나면 우리 몸 역시 부정적인 파동으로 인해 전체적인 공명현상에 악영향을 미칠 수밖에 없습니다. 만약 긍정적인 생각을 한다면 순식간에 우리 몸을 구성하고 있는 수십조 개에 이르는 모든 세포들 역시 좋은 생리적 여건을 조성하게 됩니다. 그래서 옛사람들은 늘 '좋은 생각'을 강조했던 것이죠.

마음먹기에 따라서 우리 몸은 얼마든지 좋은 쪽으로도 나쁜 쪽으로도 변화를 일으키는 겁니다. 우리 몸은 최소 5년 정도가 지나면, 현재 몸을 구성하고 있는 피부든 살이든 단단한 뼈든 그대로인 것이 하나도 없게 됩니다. 우리가 인식하지 못할 뿐 우리 몸은 이 순간에도 엄청난 변화를 거듭하고 있습니다. 그 변화의 향방에 결정적인 역할을 하는 것이 곧 매순간마다 걷잡을 수 없이 변화를 일으키고 있는 마음이라는 존재입니다.

그래서 그 마음이라는 것을 붙들어두기 위해 매순간 "깨어 있어야 한다"고 수련학에서 강조하고 있습니다. 특히 '내 몸 안에서 깨어 있는 것'을 중요하게 여깁니다. 마음이 몸을 벗어나면 주인 없는 몸이라는 존재는 갈피를 잃게 됩니다. 그러한 현상이 바로 몸에 나타난 것이 '질병'인 것이죠.

또한 깨어 있음에도 분노나 원망 등과 같은 부정적인 생각으로 가득차 있다면, 세포들 역시 동시에 공명共鳴작용을 통해 부정적인 에너지에 휩싸이게 됩니다. 따라서 세포들도 부정적인 변화를 통해 암癌이나 각종 질병현상에 노출되게 되는 것이죠.

우리 몸을 변화시키는 본질적이면서도 주도적인 역할을 하는 것이 마음이란 점을 상기하면서, 긍정적인 생각을 일으키는 것이 곧 건강생활의 첩경임을 잊지 않았으면 좋겠습니다.

# 신장과 방광의 건강을 위해서는
# 걷기를 해야

음양오행론에 의하면 우리 몸의 신장腎臟과 방광膀胱은 오행五行 중 수水에 속합니다. 그래서 신장과 방광을 신부腎部라 합니다. 신부는 음陰인 신장과 양陽인 방광이 서로 음양 관계를 유지하며 체액계, 골치계骨齒系, 관절계, 모발계, 혈상穴狀, 모혈毛穴 등 생명의 근원을 이루는 다양한 생리현상에 관여하고 있답니다.

특히 동양의학에서 말하는 신腎은 해부학상의 신장과 방광만 의미하는 것이 아니라 앞에서 말한 모든 기능을 포함한 넓은 의미를 포괄하고 있답니다. 그래서 체액계라고 할 때는 혈액, 림프액, 체액, 점막액, 눈물, 콧물, 침, 소화액, 정액, 오줌 등 물의 형태를 보이고 있는 거의 모든 것들의 생성과 작용에 직간접으로 관여하고 있는 것을 의미한답니다. 마찬가지로 골치계는 우리 몸의 뼈대를 이루는 각종 뼈와 치아의 생성 및 유지와 관련된 것을 의미하며, 관절계는 뼈와 뼈 사이를 이어주는 각종 관절의 관절액을 통해 조절하는 것을 의미합니다. 그리고 모발과 우리 몸의 귀, 눈, 코, 입, 요도, 질, 항문 등과도 깊은 관련이 있으며, 체표의 모혈을 통해서는 체온조절을 하고 있답니다.

이러한 다양한 기능의 이상여부를 우리 육안으로 주의 깊게 살펴봄으로써 신장과 방광의 건강여부를 알 수 있습니다. 즉 치아의 상태로 뼈의 건강여부를, 모발로는 호르몬의 균형여부를, 오줌으로는 혈액의 농도를, 귀의 형태와 성능으로는 신장기능의 선천력을 비롯한 뇌의 기능여부도 알 수 있답니다. 또한 몸이 붓는 것은 수액대사가 원활하지 못한 것으로 신장기능의 저하를 엿볼 수 있습니다.

신장腎臟은 흔히 콩팥이라고도 하는데, 좌우 두 개의 콩팥은 거의 동일한 모양을 하고 있지만 그 기능은 같지 않습니다. 동양의학에서는 우측의 우신右腎이 군화君火에 속하며, 명문命門이라고 한답니다. 이 명문은 우리 생명의 근원이라 할 수 있습니다. 따라서 무형의 장부인 심포와 더불어 우리 몸의 조혈기능을 담당하고 있죠. 이에 비해 좌측의 좌신左腎은 심장과 더불어 혈액순환에 관여하고 있답니다.

일반적으로 신장을 생명의 근본으로 여기는 데는 여러 가지 이유가 있지만, 상수역학적인 측면에서 살펴보아도 쉽게 수긍할 수 있을 겁니다. 오행 중 수水에 해당하는 신의 생수生數는 1이랍니다. 2는 화火에 해당하는 심장, 3은 목木에 해당하는 간, 4는 금金에 해당하는 폐, 5는 토土에 해당하는 비장을 상징하고 있답니다.

정자와 난자가 어머니의 자궁에서 만나 생명력을 발휘하기 시작할 때 우리 몸의 모든 정보가 이미 입력되어 오장육부를 비롯한 신체 각 기관의 싹을 가지고 있지만, 그 생성 순서는 앞에서 이야기한 상수의 서수에 따른 신장, 심장, 간, 폐, 비장의 순으로 형성됩니다. 동양의학에서 뇌를 비롯한 골수는 신장의 계통으로 보고 있습니다. 초기 세포분열의 모습을 살펴보면 두뇌가 가장 큰 영역을 차지하고 있는 것은 그 때문입니다.

신장과 음양의 부부관계인 방광은 신장에서 걸러진 찌꺼기를 배출하는 기능만 담당하는 것이 아닙니다. 방광은 발열기관 중의 하나인 소장의 위쪽에 위치해 있는데, 소장의 발열로 인해 기화氣化작용을 한답니다. 따라서 소장의 발열기능이 떨어져 추위를 잘 타는 사람은 방광의 기화작용이 부진해 상대적으로 소변을 자주 볼 수밖에 없습니다.

즉 몸이 냉한 사람은 체액대사가 떨어지고 몸을 수축시키게 되어, 상대적으로 수분이 불필요해지므로 소변을 자주 보는 것이죠. 이와는 반대로 방광이 위치한 하초 부위가 따뜻하면 발열작용이 잘 이루어져 혈액순환이 원활하며, 각종 부인병의 발병률도 그만큼 줄어든답니다. 열이 있을 때의 오줌색尿色은 진한 갈색에 가깝지만 냉할 때는 무색에 가깝습니다. 일반적으로 밤보다는 낮에 화장실에 자주 가는 것이 정상입니다. 밤에 화장실에 더 자주 간다면 신장기능의 저하나 자율신경의 실조를 의심해 보아야 한답니다.

신장계통의 에너지를 조절하는 수기水氣의 성질은 안으로 갈무리하는 힘이랍니다. 계절로는 겨울에 해당되는데, 이때는 최대한 활동량을 줄여 인체 내의 영기營氣를 저축하여 각 조직의 원동력을 비축하여야 합니다. 자연의 순리에 따라 생활하는 동물들을 보세요. 대부분 활동량을 최대한 억제하거나 아예 겨울잠을 자면서 에너지를 비축하는 것을 볼 수 있을 겁니다.

그런데 근래 들어 필자를 찾아오는 사람들 중에는 흰머리나 새치 때문에 하소연하는 사람이 많습니다.

"건강에 좋지 않다는 걸 알지만 아무래도 나이 들어 보이니까 대외적인 이미지를 관리해야 해서 어쩔 수 없이 염색을 합니다."

"오는 백발 어찌하랴"면서 체념하는 경우도 많은 것 같습니다. 그만큼 많은 사람들이 상기현상의 주된 원인인 스트레스에 노출되는 것 같습니다.

흰머리나 새치가 생겨난다는 것은 머리 쪽에 열이 집중되어 혈액순환이 원활하지 않다는 증거입니다. 이러한 사람들의 경우 대부분 아랫배가 상대적으로 차가우며, 손발 또한 차거나 저린 현상도 동반되기도 합니다. 예부터 건강 제1법칙으로 동서양 모두 "머리는 시원하게, 손발은 따뜻하게 하라"는 명언이 있어왔습니다. 이는 비단 흰머리에만 국한된 것이 아니라 건강 전반에 걸쳐 통용되는 말이기도 합니다.

흰머리가 나는 것은 생리적으로 모근세포에 이상이 생겨서이지만, 보다 근본적인 원인은 혈액순환의 부진 때문입니다. 우리 몸을 본중말 本中末로 볼 때, 머리 부위는 뿌리에 해당하는 본本에 해당하며, 가슴 부위는 중中에 그리고 하복부 및 손발은 끝인 말末에 해당한답니다. 모든 살아 있는 생명은 그 생명력이 끝인 말에까지 원활하게 흘러야만 그 건강성을 유지할 수 있습니다. 식물을 예로 들면, 생명력이 고갈枯渴되기 시작하면 가지 끝부터 메말라가며 점점 뿌리 쪽으로 생명력이 이동하다 결국엔 최후를 맞이합니다. 그 가지와 잎은 섭씨 40℃에 노출되어도 수분과 영양분이 유동하면 살지만, 뿌리가 그 정도의 온도에 노출되면 생명력을 이어갈 수 없게 되죠.

사람 역시 마찬가지입니다. 손발은 뜨거워도 괜찮지만 머리로 열이 집중되면 두통이나 어지럼증, 불면증과 같은 병증이 나타나 건강한 생활을 영위하기 어렵습니다. 열이 머리로 집중되면 나타나는 대표적인 현상이 바로 흰머리나 새치랍니다. 혈액이 상대적으로 머리에 집중되면 스트레스를 받게 되고 흰머리가 생기는 것이죠.

이를 해결하기 위해서는 손발을 많이 활용하는 걷기와 같은 운동법도 좋지만, 하루 종일 사무실 등 실내에서 생활해야 하는 사람이라면 머리 부위를 간단히 마사지하는 방법을 권하고 싶습니다.

우리 몸 가운데 강력한 에너지가 나오는 곳 중 하나는 손끝입니다. 사람에 따라 다르긴 하지만 다른 부위에 비해 손끝에서 바이오 포톤光子이나 자기장磁氣場 그리고 전기적 에너지가 두 배 이상 발산됩니다. 따라서 손끝을 빗처럼 세워 두피 및 얼굴 전체를 두드리거나 마사지하면 머리도 한결 시원해집니다. 두어 달만 틈나는 대로 습관처럼 자주 해주면 놀라운 효과를 거둘 겁니다. 필자는 60대에 접어들었지만 아직까지도 숱도 많은데다 흰머리가 없답니다. 그러나 책 한 권을 집필하고 나면 옆머리에 간혹 새치가 보이는데, 그럴 때면 공들여 얼굴과 머리를 마사지하면 한두 달도 지나지 않아 다시금 검은 머릿결로 되돌아오곤 한답니다.

# 감각기관이 노쇠해지면
# 내 안에 감춰진 진리를 찾아야

나이가 들수록 우리 몸은 늙어갑니다. 노쇠함의 의미는 무엇일까요? 먹는 것도 줄어들고, 눈도 침침해지며, 듣는 것도 어두워지는데, 거기에는 어떠한 메시지가 담겨 있을까요?

왜 성인聖人들은 "네 자신을 알라", "네가 곧 부처다", "인간은 하나님의 형상으로 창조되었다"고 하였을까요? 이는 곧 인간이라는 개체에 우주적 진리와 지혜가 담겨 있음을 말한 것입니다!

우리는 일상을 살면서 내 안보다는 바깥세상의 현상들과 욕망에 현혹된 채 하루하루를 연명하고 있습니다. 눈은 보다 아름다우면서도 더 많은 것을 보려고 혈안이 되어가고, 코는 향기로운 것만을 찾으려 킁킁거리고, 귀로는 보다 감미롭고 아름다운 소리만을 들으려 밖으로만 귀 기울이고, 입으로는 희귀하고 맛있는 것을 양껏 먹으려 아우성입니다. 잠시라도 내면에서 일어나는 수많은 변화와 현상을 들여다보거나 들으려 하지 않습니다.

한 번은 자주 교감을 해 오고 있던 70대 중반의 여성분이 내게 하소연을 한 적이 있었습니다.

"나이가 들어선지 요즘엔 만사가 귀찮아! 어서 빨리 죽고 싶은데 자식들은 나 몰라라 하고 내 오감은 점점 감이 떨어지고 있으니 걱정이여! 어찌해야 될까 모르겠당께! 늙으면 죽어야지! 자식새끼들도 다 필요 없어!"

그러면서 긴 한숨을 내쉬는 거였습니다. 이런 말을 자식들이 들었다면 참으로 난감할 것 같았습니다. 그래서 나는 찻잔을 기울이며 다음과 같이 길게 설명을 드렸답니다.

우리 몸이 노쇠해지면 눈, 코, 귀, 입의 기능이 떨어져 가는 것은 곧 내면의 세계에 침잠하라는 신호랍니다. 그렇기 때문에 노화를 노쇠함으로 여겨 슬퍼할 게 아니라 밖으로만 향했던 감각기관을 내면으로 되돌려反 살피려는省 반성反省의 계기로 삼아야 한답니다. 각자의 내면 세계는 무한한 우주를 축소해 놓은 소우주임을 잊어서는 안 됩니다. 대우주가 매순간 변화를 일으키듯 소우주인 우리 몸 역시도 매순간 엄청난 변화를 거듭하고 있답니다. 이러한 변화의 원리를 파악하자면 대우주를 통찰하는 것보다 내 몸 안에 갖추어진 소우주를 관찰하는 것이 훨씬 용이하다는 것은 두말할 나위가 없을 겁니다.

눈을 감고 내면에서 요동치는 망상과 허상을 직시하며 매순간 깨어 있어 보세요. 그리고 우리 몸 안에서 천둥처럼 울려대는 소리에 귀 기울여 보세요. 모든 감각기관을 내 몸 밖으로 향하지 말고 내면에서 일어나는 변화를 느껴보아야 합니다. 처음에는 아무것도 보이지 않고, 아무소리도 들리지 않지만 집중해서 매순간에 깨어 있다 보면 안으로의 이목耳目이 열리게 되어 있답니다.

몸이 노쇠해 뛸 수 없음은 고요히 앉아 자신을 성찰하라는 것이요, 시력이 나빠짐은 외부세계의 요란함에 눈멀지 말고 내 안을 살피라는 것이고, 가는귀가 먹어 가는 것은 귀 얇음을 접고 내면의 소리를 들으라는 것이며, 냄새에 둔감해지는 것은 내면의 향기를 맡으라는 것이고, 식욕이 떨어지는 것은 소식小食으로 소화기관의 부담을 덜어주라는 것이랍니다.

그 할머니는 내가 10년 넘게 하루 한 끼만 소식을 하고, 책을 읽고 글을 쓰는 데 많은 시간을 할애하고 있다는 것을 알기 때문에 격려 아닌 격려를 해주시곤 합니다.

"아! 먹을 것도 좀 챙겨 먹고 일은 적당히 좀 혀. 그리고 저 숲이 얼매나 좋아! 운동 삼아 산보도 좀 하구!"

나는 빙긋 웃으며 말했습니다.

"걱정 마세요! 참 저번에 말씀드린 수면명상은 잘하고 계시지요. 주무시다 깨실 때마다 밤이 지루하다 생각하지 마시고 내면과의 대화를 하세요."

무언가를 이루고자 한다면 습관부터 바꿔야 합니다. 무언가를 못하는 것은 몰라서 못하는 게 아니라 반복적인 습관이 형성되어 있지 않기 때문이랍니다. 평소의 생각은 일상의 언어가 되고, 언어는 행동을 유발하며, 그러한 행동이 습관이 되면 바로 자신의 운명이 됩니다. 단순한 이치 같지만 반복명상이 중요한 이유입니다.

나이 들수록 단순한 게 아름다운 법이랍니다. 생각도 행동도 줄이고 내면에 귀를 기울여야 합니다. 그래서 나는 여러 해 동안 내가 사는 동네를 벗어난 적이 별로 없습니다. 딱 한 달에 두 번 예외가 있는데, 목사님과 신부님, 스님, 교무님 등 10여 명이 모여 토론하는 종교인포럼과 동양고전을 낭독하고 토론하는 모임에 참석할 때 외엔 거의 칩거하다시피 지냅니다.

몰라도 될 지식知識은 외부에서 얻을 수 있지만, 꼭 알아야 할 영성의 지혜智慧는 이미 내 안에 갖추어져 있기 때문이랍니다.

# 갱년기는 왜 오는 것이고, 어떻게 대처해야 할까?

우리 인체를 비롯하여 만사만물은 한시도 고정되어 있지 않고 변화에 변화를 거듭하고 있습니다. 그 대표적인 것으로 인체의 가장 큰 변화가 갱년기更年期입니다. 주로 40·50대 여성에게서 두드러진 특징을 보이고 있죠. 갱년기는 말 그대로 '다시 몸을 바꾸는 시기'를 의미합니다. 여성의 경우 대체적으로 생리가 중단되면서 시작됩니다. 아이를 잉태할 수 있었던 생산체제에서 비생산체제로 전환되는 것입니다.

그 주된 변화의 촉매가 바로 호르몬이랍니다. 폐경기에 접어들면서 여성호르몬인 에스트로겐과 모성호르몬인 푸로제스테론이 줄어듭니다. 이러한 변화는 생리적인 측면에서 볼 때 당연한 현상입니다. 그래서 여성은 내향적인 성향에서 외향적인 성향으로 바뀌는 경향이 높아집니다. 반대로 남성은 여성적인 부드러움을 은연중 지니게 됩니다. 이러한 현상은 자연적인 변화의 흐름입니다. 따라서 내면적인 심리변화 역시 자연스럽게 수용하여야 합니다.

동양학에서는 남녀 성징 변화의 주기를 여자는 7년, 남자는 8년을 기본단위로 하였답니다. 그래서 여자는 2×7＝14세, 남자는 2×8＝16세를 전후로 하여 생식능력을 갖추게 되고, 또한 여성의 경우 7×7＝49세 전후로, 남성은 8×8＝64세를 전후로 하여 생식능력의 한계를 드러내게 된답니다. 이는 어쩔 수 없는 자연의 법칙입니다.

그런데 요즘에는 갱년기 증상을 완화시키기 위해 호르몬요법이 유행하는 것 같습니다. 중요한 것은 일시적으로 증상을 완화하여 지연시킬 수는 있지만, 궁극적으로 인체의 변화를 없앨 수는 없답니다.

50대 초반의 여성이 상담을 요청한 적이 있었답니다. 근래 들어서 생리도 불규칙하고 이유도 없이 짜증과 분노가 치솟기도 하고, 어느 때는 누군가 옆에서 말을 거는 느낌이 들어 뒤돌아보면 아무도 없다고 했습니다. 처음엔 피식 웃고 말았지만 그러한 현상이 반복되다 보니 누구에게 하소연하기도 그렇고 은근 걱정이 앞선다는 거였습니다.

우리 몸은 상하의 기가 균형을 이뤄야 하는데, 위쪽으로 기가 몰리면 상기증이 생깁니다. 반대로 기가 아래쪽으로 몰리면 하기증이 생깁니다. 그래서 필자는 상기증을 완화시키기 위한 방법으로, 손쉽게 할 수 있는 족욕足浴을 권했답니다.

"잠자리에 들기 전 대야에 따뜻한 물을 받아 발목까지만 잠기게 하고선 10~15분 정도 족욕을 해보세요. 처음엔 가족들과 대화를 나눌 수 있는 거실 등에서 하다가 익숙해지면 혼자서 자신의 몸 변화에 집중해서 살펴볼 수 있는 혼자만의 공간에서 해보세요. 중요한 건 몸에서 전해

오는 신호를 놓치지 않는 겁니다. 그러다 보면 평소에 생각하지도 못했던 내면의 소리가 들려오고 아우성을 칠 겁니다."

인체의 생리적 현상이 변화를 일으키면 마음 역시 몸의 변화에 따라 다양한 징후를 보이는 것은 당연한 일입니다. 몸과 마음은 상호 유기적으로 영향을 주고받습니다. 어차피 치를 홍역이라면 담담한 마음으로 받아들이는 게 심신의 건강에 유리합니다. 대부분 몸의 변화에 따라 안면홍조나 가슴의 두근거림과 같은 상기증이나 우울증 등과 같은 울체 현상인 하기증이 반복됩니다. 마음 다스림이 어려우면 운동을 통해, 몸의 운신이 어려우면 종교적인 명상법 등을 통해 마음을 다스려야 합니다.

그런데 부부 사이에서 어렵지 않게 마음의 병을 치유해 줄 수 있는 방법이 있습니다. 지금까지 아내 혹은 남편에게 한 번이라도 발을 씻겨준 적이 있었습니까? 받는 사람이나 해주는 사람이나 처음에는 쑥스럽기도 하겠지만 그 기분만은 피차가 어디에도 견줄 수 없을 만큼 짜릿해지고, 흐뭇함이 가슴으로 몰려들 겁니다. 우리 인체의 손발에는 말초신경이 집중되어 있어 어느 부분보다도 감정이입이 뚜렷하게 나타나기 때문이랍니다.

우리 몸에서 가장 힘든 일을 수행하고 있는 발은 은연중에 천대 아닌 천대를 받고 있습니다. 여러분도 곰곰 생각해 보세요. 하루 일과를 끝내고 샤워를 하면, 얼굴과 가슴, 아래 부위와 허벅지, 발과 발가락 중 어느 부위에 우선순위를 두는지요? 대부분 얼굴이 우선일 겁니다. 그런데 목욕탕에서 신체 건강한 사람들을 유심히 지켜보면 얼굴보다는 발부터 역순으로 씻는 것을 종종 볼 수 있습니다.

상대방에 대한 최대의 애정표현은 정성스럽게 발을 씻겨주는 일이랍니다. 종교지도자인 예수님도 그랬고 부처님 역시 발을 씻겨주는 것으로 당신들의 '사랑하는 마음'을 전달하였습니다. 내 몸의 일부이면서도 늘 뒷전으로 내몰리는 발, 똑같이 우리 몸의 말초이면서도 상대적으로 손보다는 발이 천대받고 있습니다. 사랑하는 사람의 손은 잡을지언정 발은 무슨 병원균이라도 득실대는 것으로 여기고, 어쩌다 손으로 스쳤을지라도 금방 씻어야만 하는 습관이 생기게 되었습니다.

예부터 "발이 따스하면 건강은 물어볼 필요도 없다"고 했습니다. 발이 차갑다는 것은 몸에 이상이 있다는 신호입니다. 혈액이 발끝까지 원활하게 흐르지 않으니 발이 차가운 것이고, 조금만 걷거나 서 있어도 쉬 피로를 느낍니다. 아이들이 하루 종일 뛰어다녀도 발이나 종아리가 아리지 않는 것은 몸에 대한 차별심이 없을 뿐 아니라 혈액순환이 발끝까지 원활하게 이루어지기 때문입니다.

따라서 발의 소중함을 절절하게 느껴보아야 할 것 같습니다. 일상생활을 하면서 발이 차갑지는 않은지 관심을 기울이고, 아니면 최소한 샤워할 때만이라도 열 발가락을 어루만져 그네들의 수고로움에 고마움을 보내줍시다. 갱년기의 한 현상인 상기증을 해소할 수 있는 방법이 될 수도 있답니다.

# 노화, 어떻게 대처해야 할까?

건강한 사람과 성공한 사람들의 상당수는 늘 손에 책을 들고 있습니다. 어느 한 분야에만 치중하는 것이 아니라 다양한 정보와 소통하고 있습니다. 음식을 편식하면 건강에 안 좋은데, 다양한 지식을 습득하면 뇌력증진에 많은 도움이 됩니다.

그렇다면 학력과 뇌력은 비례할까요? 꼭 그렇지는 않은 것 같습니다. 노화의 현상은 40대 이후부터 뚜렷하게 나타나기 시작합니다. 고학력일지라도 대부분 30대 초반에 학업을 마칩니다. 더구나 고학력의 경우 어느 한 분야만을 집중적으로 파고들기 때문에 좌뇌와 우뇌로 구성된 뇌의 조화를 꾀하기가 쉽지 않습니다. 뇌력이 불균형을 이루면 괴팍한 성격을 드러내기도 한답니다.

머리 부분은 우리 인체의 뿌리 역할을 합니다. 무형의 정보는 물론 유형의 물질 에너지를 흡수하는 기관이 집중되어 있기 때문이죠. 몸도 물질인지라 자주 쓰지 않는 부위는 퇴화하기 쉽습니다. 특히 뇌는 운동 등으로 풀어줄 수 있는 다른 신체기관과 달리 정보의 습득을 통해서만 기능을 증진시킬 수 있습니다. 따라서 사용하지 않으면 어느 신체기관보다 노화가 빨리 일어납니다. 노화에 따른 대표적인 질병이 치매와 중풍이랍니다.

정신상태가 몽롱하거나 뇌의 편벽현상으로 기분이 나쁠 때는 입맛도 떨어지고 움직이기조차 싫어집니다. 뇌력의 저하와 부조화는 곧바로 인체에 영향을 미치게 되죠. 이러한 현상이 지속되면 노인성질환에 노출되기 쉽습니다. 머리를 쓰지 않으면 혈액량의 유입에서도 큰 차이가 나타납니다.

노화가 진행되면 뇌력이 저하됩니다. 일반적으로 정상적인 노인의 뇌 100g당 1분 동안 흐르는 피의 양을 70㎖로 볼 때, 노인성 치매환자의 그것은 불과 40㎖에 지나지 않는다는 의학적 연구를 참조할 필요가 있습니다. 이로 미루어볼 때, 다양한 정보와 지혜가 담긴 책을 늘 가까이 하는 것만으로도 뇌력을 증진할 수 있고, 노인성 치매와 중풍을 예방할 수 있을 겁니다.

예부터 건강한 노인을 지혜의 상징으로 여긴 것은 통합적 사고력이 뛰어나기 때문이었습니다. 책을 통해 습득한 지식과 다양한 경험을 바탕으로 어느 한쪽으로 치우치지 않는 보편성을 지녔기에 노인은 한 마을이나 부족의 잘잘못을 판결할 수 있는 원로가 될 수 있었습니다.

# 치매와 중풍, 어떻게 예방해야 할까?

노년이 되면 가장 걱정되는 것은 아무것도 인식할 수 없는 질병, 바로 치매癡呆에 걸리는 것입니다. 옛날에는 치매에 걸리면 노인장이라 하여 찰밥 한 시루와 함께 고려장이 되었는데, 집에 치매환자가 있으면 온 가족의 비극이 아닐 수 없습니다. 치매에 걸린 노인은 대부분 노인병원에서 삶을 인식하지 못한 채 그저 남은 생을 기다려야만 하는 것이 현실입니다.

치매는 뇌질환의 일종입니다. 우리 뇌는 다른 신체부위와 달리 노화현상이 가장 더디게 진행될 수도 가장 빠르게 진행될 수도 있습니다. 뇌를 사용하면 가장 더디게 퇴화하고, 그렇지 않으면 가장 빨리 퇴화합니다. 따라서 사용하지 않으면 퇴화되고, 활용하면 더욱더 총명성을 발휘하는 기관이 바로 뇌랍니다.

곰곰 생각해 보세요. 지금 당장 지인들의 전화번호를 몇 개나 외우고 있는지요? 핸드폰이 일반화되기 전까지만 해도 가족의 전화번호는 물론 수십 개 혹은 백여 개 정도는 외우고 있지 않았던가요? 이제는 뇌가 할 일을 핸드폰이 대신하고 있으니, 가까운 사람들의 전화번호마저 까마득할 겁니다.

우리 뇌의 기억에는 일정한 법칙이 있습니다. 기억시간이 한정되어 있답니다. 매일 일어나는 모든 일을 다 기억할 수도 없으며, 사실 기억할 필요가 없는 정보들도 많습니다. 뇌에서 기억을 제어하는 장치는 해마체라고 하는 단기기억기관이랍니다.

해마체가 손상되거나 위축되었을 때 나타나는 현상이 치매와 같은 기억장애입니다. 이 해마체는 자신이 오감으로 감각한 사실의 내용을 짧게는 몇 초에서 길게는 며칠까지 저장하는 단기기억장치라 할 수 있습니다. 별로 중요하게 인식하지 않는 사실은 금세 망각해 버리고 강하게 인식된 일에 대해서는 며칠까지 기억해 둡니다. 이러한 기억내용을 반복해서 기억하면 할수록 해마체는 기억해야 될 보다 중요한 정보로 인식해, 단기기억에서 중장기기억으로 분류하여 보관하게 됩니다. 영어단어 등을 여러 번 외우면 오래도록 기억하게 되는 것이 바로 그 이치랍니다.

다시 말하지만 뇌력을 증진시키기 위해서는 뇌를 잘 활용해야 합니다. 은퇴와 함께 모든 것을 놓아버려서는 안 됩니다. 더구나 학교를 마치면 더 이상 공부할 일이 없다며 책과는 담을 쌓아버리는 우리네 풍토가 아쉬울 뿐입니다. 평생교육은 우리 시대에 새롭게 등장한 문화적 풍토가 아닙니다. 고려장을 비껴간 사람들의 곁에는 늘 책이 있었습니다.

황희 정승과 조선 후기의 대학자 허미수는 90여 세까지 현역 정치인으로 봉사하였습니다. 더구나 저술 또는 창작활동을 한 대문호들의 경우 노년의 작품들이 역작입니다. 괴테의『파우스트』나 비발디의『사계』역시 80세 이후에 창작한 작품들이고, 톨스토이와 빅토르 위고, 피카소와 찰리 채플린 등도 노년에 역작을 남겼습니다.

뇌는 활용할수록, 나이 들수록 종합적인 통합능력을 발휘할 수 있습니다. 따라서 연륜이 깊을수록 자신만의 지혜를 담아 후손들에게 더 좋은 작품을 남길 수도 있고, 보다 훌륭한 교훈을 남겨줄 수도 있습니다.

그런데 말입니다. 뇌력을 키우는 데 한자를 공부하는 것만큼 좋은 것도 없는 것 같습니다. 한글뿐만 아니라 한자를 활용하는 사람은 뇌력을 증진하는 데 유리합니다. 한글과 같은 소리글자表音文字는 언어와 관련이 깊은 좌뇌가 주로 활용되는 반면에 한자와 같은 뜻글자表意文字는 어떤 형상이나 이미지를 주로 관장하는 우뇌가 활용된답니다. 한국인의 두뇌가 뛰어난 이유는 바로 한글과 한자를 동시에 활용하기 때문이랍니다.

하지만 일각에서는 한자를 도외시하는 경향이 있는 것 같습니다. 우리글이 아니라는 이유라지만, 한자를 보다 깊게 연구하다 보면 우리 문화의 특성을 반영한 글자가 매우 많다는 것을 알게 됩니다. 한자는 중국 한족 고유의 문자가 아니라 고대 동아시아 사람들이 공통적으로 사용하던 복합문자입니다. 이러한 한자는 행동 및 문화적 양식을 이미지화한 글자이기에 외우는 데 급급해서는 소기의 성과를 얻을 수 없습니다. 한자 한 자 한 자의 의미를 올바르게 이해하기 위해선 역사와 문화까지 알아야 합니다.

다시 본론으로 돌아갑시다. 우리 몸은 좌우대칭 구조로 이루어져 있습니다. 대부분의 질병현상은 곧 좌우균형이 무너졌을 때 생깁니다. 질병현상 중에 좌우균형이 무너질 때 나타나는 대표적인 질병은 중풍과 같은 마비현상이죠. 좌측으로 온 마비현상은 우뇌의 이상으로 생기고, 우측으로 온 마비현상은 좌뇌의 이상 때문에 생깁니다. 그래서 우측에 마비현상이 온 사람은 언어능력이 현저하게 떨어지고, 좌측에 중풍을 맞은 사람은 공간인지능력, 즉 사람의 얼굴을 기억하거나 어떤 형태를 기억하는 데 장애가 따르게 됩니다.

우리 몸은 좌우의 균형이 무너졌을 때, 즉 어느 한쪽이 지나치게 우세하거나 열등할 때 그 균형이 깨져 각종 질병현상에 노출됩니다. 따라서 몸의 어느 한쪽만을 사용하는 운동은 근육은 물론 뼈 강도의 균형을 깨뜨리기 쉽습니다.

어느 날 몸의 우측이 마비되어 고생하는 환자가 필자를 찾아왔습니다. 환자의 상태를 전체적으로 파악해 보니 무너진 몸의 균형을 회복하기까지 오랜 시간이 걸릴 듯했습니다. 그래서 일주일에 한 번 정도 필자에게 방문해 치료받을 것을 권하면서, 생활 속에서 실천할 수 있는 다음과 같은 방법을 말씀드렸습니다.

"몸의 좌우측을 균형 있게 활용하는 운동 중에 가장 보편적이면서도 그 운동효과가 뛰어난 것은 걷기입니다. 올바른 보행법은 몸 전체의 균형은 물론 뇌력을 증진하는 데 뛰어난 효과가 있기 때문이죠. 하루에 한 번씩 가까운 산책로를 걸어보세요."

# 치매, 습관만 바꿔도 예방할 수 있다

사람들은 흔히들 치매에 걸릴까 봐 오래 사는 게 두렵다고 합니다. 자신이 치매에 걸린 모습을 상상하는 것만으로도 치가 떨린다고 합니다. 가족들에게 짐이 된 채 천덕꾸러기마냥 이리저리 휘둘리는 치매 걸린 사람들의 말로를 우리 주위에서 어렵지 않게 볼 수 있기 때문일 겁니다.

치매는 어느 날 갑자기 찾아오는 질병은 아닙니다. 거의 모든 질병이 그렇듯 치매 역시 자신이 오랜 생활 속에서 알게 모르게 불러들여 안방을 내어준 꼴이랍니다. 나태함과 고독함이 치매의 가장 큰 원인을 차지하고 있다는 점을 인식한다면 그 해결책 또한 어렵지 않습니다. 무언가를 사랑하는 마음이 식어버렸다면, 그래서 일상에 대해 열정이 없다면 무료함이 찾아들고 만사가 귀찮으니 어느 순간 고독에 휩싸이게 됩니다.

사랑을 하면 노인도 젊어진다고 했습니다. 사랑은 오감을 통해 발현

되기도 하고 대상으로부터 받아들이기도 합니다. 누군가를 사랑하면 돌출된 뇌라 할 수 있는 눈이 빛나고 마음의 상징인 심장은 고동치게 되어 있습니다. 매사를 귀찮아하는 사람이나 고독한 사람의 눈빛은 반짝일 수가 없습니다.

고독은 사랑의 결핍입니다. 이성이든 가족이든 누군가를 사랑하는 마음이 일렁이면 오감을 통해 다량의 정보가 뇌로 유입되어 대뇌 후두엽에 자리한 시각중추와 뇌간의 시상하부가 자극을 받게 됩니다. 때문에 무언가를 사랑하는 마음이 싹트면 뇌와 몸으로 느낄 수 있는 오감이 상호 유기적으로 자극되어 심신이 활력을 얻게 됩니다. 몸과 마음은 유기적입니다. 마음이 황폐해지면 몸 역시 점차 기력을 잃게 되며, 몸 역시 충분한 영양분을 공급받지 못하면 마음 또한 황폐해지게 마련입니다.

치매를 앓는 노인들을 살펴보면 대부분 영양실조인 경우가 많습니다. 특히 동물성 단백질이 부족해지면 뇌의 발육과 기능을 저하합니다. 우리 인간의 몸은 오랫동안 동물성 영양분과 식물성 영양분에 길들여져 왔습니다. 지나친 육류섭취도 문제가 되지만 동물성 영양분을 배제한 식단 역시 문제가 됩니다.

따라서 치매를 예방하기 위해서는 근본적으로 마음을 풍요롭게 해주는 일, 곧 사랑을 해야 합니다. 그리고 부수적으로 몸을 튼실하게 유지할 수 있도록 균형 잡힌 식단을 회복해야 합니다.

그런데 일반적으로 사람들은 단순한 건망증과 치매를 혼동하는 경우가 있는 것 같습니다. 건망증健忘症은 무언가 하기는 했는데 기억이 나지 않을 뿐 사유주체가 자신이라는 사실을 알고 있는 증상입니다. 그러나 치매는 생각의 주체까지도 누구인지를 인식하지 못할 뿐만 아니라 무언가를 잊어버렸다는 사실 자체도 모른다는 점이 다릅니다. 즉 대뇌에서 신경에 명령과 자극을 전달하는 시냅스synapse 체계가 망가지거나 줄어들었기 때문에 인지능력이 현저하게 상실되는 겁니다.

치매의 가장 큰 특징은 평소에 음식을 조리하거나 옷을 입는 등 습관적으로 반복해 왔던 일들마저도 어떻게 해야 할지를 모를 뿐만 아니라 논리적인 문장구사마저도 행할 수 없게 된답니다. 그러다 보니 간단한 덧셈이나 뺄셈도 못할 만큼 계산과 판단능력이 두드러지게 저하됩니다. 또한 집에서는 물론 다른 지역에 갔을 때도 자신이 왜 여기에 있는지 어떻게 해서 왔는지 기억할 수 없거나 평소에 잘 사용하던 물건들, 예를 들자면 안경이나 전화기 등을 냉장고에 넣어두거나 혹은 시계를 세탁기 등에 넣어두는 등 물건의 활용법은 물론 기능에 대해서도 전혀 인지할 수 없게 됩니다.

심리적으로는 정신적으로 혼란스러워하며 의심이 늘고, 뚜렷한 이유 없이 공포감을 드러내는 등의 갑작스런 성격변화를 보입니다. 때문에 그 기분 또한 변덕스러울 만큼 자주 변화를 일으키며, 신체적으로는 체중감소가 일어나면서 잘 회복되지 않는 특징을 보이게 됩니다.

이러한 치매를 예방할 수 있는 방법을 말씀드리자면 다음과 같습니다.

첫째, 젊을 때부터 뇌를 활용할 수 있는 독서나 창작활동을 통해 머리를 써야 되며, 고독을 이겨낼 수 있도록 사랑하는 마음을 유지해야 합니다.

둘째, 희로애락에 따른 자신의 감정에 충실할 필요가 있습니다. 즉 일상에서 얽히고설킨 감정을 쌓아두지 말아야 합니다. 화를 내야 될 때는 화를 내고, 웃고 싶거나 울고 싶을 때는 속 시원하게 웃고 울어야 합니다.

셋째, 전신의 기혈을 순환시키는 운동을 날마다 하는 것이 좋습니다. 특히 손발을 잘 활용할 수 있는 운동이 좋은데, 올바른 보행법만 한 것이 없는 것 같습니다.

넷째, 나이가 들수록 영양섭취를 쉽고 빠르게 할 수 있는 동물성 단백질을 적절하게 먹어야 합니다. 우리의 식단은 지나치게 곡류 및 채소류 위주이다 보니 계란이나 고기, 생선 등 동물성 단백질을 통해 영양의 균형을 회복할 필요가 있습니다.

# 손발이 차고 머리가 뜨겁다면
# 어떻게 해야 할까?

"머리는 시원하게 하고 손발은 따뜻하게 하라"는 명제는 동서고금을 통틀어 가장 단순하면서도 명쾌한 건강의 지침이라 할 수 있습니다. 요즘 현대인들은 손발을 움직일 수 있는 기회가 점차적으로 줄어들고, 상대적으로 몸의 주인인 마음은 온통 머리에만 집중되어 있습니다. 그래서 대부분 상기증上氣症의 현상으로 불면증이나 조급증 등에 시달립니다. 이러한 현상이 지속되면 건강한 생활을 보장받기가 쉽지 않습니다.

어느 날 필자에게 불면증으로 잠을 못 이룬다는 40대 초반의 여성이 찾아왔습니다.

"저도 그렇고 가족들 건강이 가장 걱정돼요. 걱정이 꼬리에 꼬리를 물고 점점 커져서 도저히 잠을 잘 수가 없더군요."

그렇다면 해결책은 무엇일까요? 우리 몸의 말초신경이 집중된 손발에 보다 많은 관심을 기울이는 것입니다. 그 해결책의 하나로 주목받는 운동법이 '걷기', 즉 '산책'입니다. 손발을 움직여 따스한 온기가 그곳까지 미치면 온몸이 훈훈해집니다. 혈액순환이 온몸 구석구석까지 잘 흐르고 있다는 증거입니다. 손발이 따뜻하면 당연히 아랫배 역시 훈훈해져 여성들을 괴롭히는 산부인과질환에서 벗어날 수도 있습니다. 따라서 어떠한 방법을 동원하든 손발이 따뜻해질 수 있다면 하나의 대처법이 될 수 있습니다.

앞서 언급했듯이 우리 몸을 본·중·말本·中·末로 볼 때, 머리는 그 뿌리에 해당하는 본本이며, 배꼽에서 가슴에 이르는 몸통은 나무줄기인 중中이고, 생식기관이 있는 하복부는 열매가 열리고 꽃이 피는 가지인 말末에 해당합니다.

땅에 뿌리를 내리고 사는 나무와 달리 우리 인체는 하늘에 그 뿌리를 내리고 있습니다. 그래서 정보를 받아들일 때뿐만 아니라 음식물을 먹을 때도 뿌리인 머리를 통해 하고 생식기관을 통해 배설됩니다. 손발은 가지의 연장선상에 놓여 있는 거죠. 나무가 고사枯死로 그 생명을 다할 때는 그 생명력이 가지로부터 줄기를 거쳐 뿌리에 이르게 됩니다. 우리 인체도 마찬가지죠. 임종할 때 우리 생명력의 흐름을 관측할 수 있는데, 손발부터 차가워지면서 점차 무릎과 하복부, 가슴 등으로 냉기가 차며, 종국에는 생명력의 뿌리인 머리 부분만 그 온기가 남은 채 최후를 맞게 됩니다.

손발을 따뜻하게 하고 머리를 시원하게 하기 위해서는 다음과 같이 해야 합니다.

우선 마음을 발에 집중하며 걷도록 해야 합니다. 어린아이들의 경우 생명력이 말초인 손발에까지 충만하여 하루 종일 뛰어다녀도 다리가 아픈 줄 모릅니다. 그러나 나이가 들수록 건강성이 확보되지 않으면 손발부터 그 기력을 잃어갑니다. 그 기력을 회복하는 방법 중에 가장 보편적이면서도 쉬운 방법이 '걷기'입니다. 먼저 자신의 발 모양을 살펴보면, 대부분 건강하지 않을 경우 발의 각도가 외각을 향한 팔자걸음인 경우가 많습니다. 이를 개선하기 위해 보행할 때는 양발이 일직선을 유지하며 11자의 평행상태로 걸을 수 있도록 유념해야 합니다. 또한 몸의 무게중심을 약간 앞쪽에 두면 보행 시 엄지발가락과 두 번째 발가락에 힘이 실리며 발바닥 중앙의 용천혈을 보다 힘차게 자극하게 됩니다.

처음에는 마음을 발가락과 발바닥의 느낌에 집중해야 합니다. 주도면밀하게 발의 느낌뿐 아니라 차가운지 따스한 온기가 흐르는지도 관찰의 대상으로 삼아야 합니다. 건강의 정도에 따라 10분 만에 혹은 20분, 30분, 한 시간 만에야 그 온기를 감지할 수도 있습니다. 그러나 반복해서 걷다 보면 손발은 물론 온몸에 훈훈한 온기가 점차 빨리 감돌게 됩니다.

손발에 따스한 온기가 흐를 수 있도록 하는 방법은 이외에도 많은데요. 결국은 마음을 발에 집중하며 자극하는 것이 중요합니다. 사무실에서는 발바닥을 쉽게 자극할 수 있는 건강용 슬리퍼나 굴림용 나무발판을 활용하거나 두 발을 벌려 발 안쪽을 반복해서 부딪치는 방법도 괜찮습니다. 취침 전에 욕실에서 발목에 잠길 만큼 따스한 물을 대야에 받아 족욕을 하여 상기된 열기를 내릴 수도 있습니다.

이러한 방법들은 곧 숙면을 취하기 위한 수단입니다. 숙면熟眠이 왜 강력한 치유수단이 될까요? 이는 바로 무념무상無念無想의 상태를 유지할 수 있기 때문이랍니다.

잠에는 램REM: Rapid Eye Movement 수면과 비램non-REM 수면이 있는데, 얕은 잠인 램수면 상태에서는 꿈을 꾸며 대뇌와 소뇌의 인식작용이 가동되지만, 깊은 잠인 비램수면 상태에서는 대뇌와 소뇌는 휴식기에 들어갑니다. 그리고 이때에 오직 '생명을 유지하며 살아가는 데 필수적인 뇌간'만이 대뇌와 소뇌의 다양한 정보로 인한 간섭 없이 본연의 임무를 수행할 수 있게 됩니다.

비램수면 중에는 대뇌와 소뇌에서 발생하는 온갖 잡념 등으로 인한 간섭이 없기 때문에 뇌간은 이 시간에 불필요한 정보를 지우고 몸 전체의 생리작용이 정상적으로 가동될 수 있도록 최대한 신체 각 부위를 원상으로 회복시키려 노력합니다. 숙면 중에는 우리가 인식할 수 있는 의식작용이 멈추기 때문에 '무념무상'의 상태를 유지할 수 있습니다. 바로이 '무념무상'의 상태가 중요합니다.

요즘 유행하고 있는 다양한 명상법이나 불교의 참선법은 바로 '무념무상'의 상태를 유도하기 위한 방법입니다. 명상冥想이란 생각을 어둡게 하는 것, 즉 무분별하게 일어나는 온갖 잡념을 없애고 오직 한 생각에 머물며 대뇌와 소뇌의 인식작용을 최대한 억제시키는 수행법입니다. 참선參禪 역시 한 생각에 머물기 위해 화두話頭를 잡고서 다른 생각이 일체 일어나지 않도록 집중하는 법이죠.

명상이나 참선이 심신心身의 건강법으로써 각광받는 이유가 바로 대뇌와 소뇌 그리고 뇌간의 역할을 이용한 '대뇌와 소뇌 잠재우기'와 다름

없는 겁니다. 누구나 대략 하루 8시간 정도의 수면을 취하고 있습니다. 중요한 것은 비램수면 상태인 '깊은 잠'에 머무는 시간이 얼마나 많은가에 달려 있습니다.

숙면을 취하는 방법이 바로 수면명상법의 기초단계입니다. 처음에는 부지불식不知不識간에 잠에 빠져 들지만 점차적으로 정定의 상태를 확보해 가는 수행법이랍니다. 이러한 수면명상법은 몸은 깊은 잠에 빠져 들지만 마음은 고요한 상태로 깨어 있도록 해줍니다.

# 불면증과 조급증,
# 종식법으로 해결하자

잠을 못 이루는 사람이 의외로 많은 것 같습니다. 상담을 해보면 기나긴 밤을 꼬박 지새웠다며 하소연을 하는 경우를 많이 봅니다. 그래서 하나, 둘, 셋, 넷… 양 한 마리, 두 마리…를 세며 잡념을 없애려 하지만 오히려 정신만 말똥말똥해지며 온갖 생각들이 천정을 가득 메운다고 합니다. 혹은 애써 잠들었는데 조그마한 소음소리 때문에 깨어서 시계를 보니 채 한 시간도 지나지 않아서 다시금 잠을 청하려 하지만 도통 깊은 잠을 잘 수가 없다고 푸념합니다.

"잠이 보약"이라는 경구는 동서양 사람 모두가 주장하는 통념입니다. 불면의 원인은 무엇일까요? 몸속 구석구석을 흐르는 혈액순환의 관점에서 보자면, 말초신경이 모여 있는 손발까지 순환이 이루어지지 않은 수족냉증이 한 원인입니다. 손발이 찬 것은 우리 몸의 주인인 마음이 온통 머리에만 집중되어 일어나는 현상입니다. 달리 말하면 상기증上氣

症이죠. 현대인들이 생활시간 대부분을 머리로써 해결해야 되는 일을 하기 때문입니다. 예전처럼 주로 손발을 활용하는 직업보다는 머리를 많이 쓰는 일을 해서 생기는 '브레인 증후군' 탓이죠.

이러한 후유증은 잠자리까지 파고듭니다. 마음을 비우고, 낮에 있었던 일들도 잠시 잊어버리자며 잠자리에 눕지만 가슴에 쌓인 오욕칠정의 감정들이 머릿속을 헤집고 다니니, 쉬 잠들지 못합니다. 그렇다면 방법은 없을까요?

마음을 호흡에 집중하면 됩니다. 종식踵息이 불면의 해결책입니다.

『장자』「대종사편」에는 "진인의 호흡은 깊고 깊어 종식踵息으로 하였으나 보통 사람들은 목구멍으로 숨을 쉽니다"는 내용이 있습니다. 이는 곧 숙면의 조건을 말하고 있는데, 해답은 바로 여기에 있습니다. 우리의 의식이 온통 머리에 집중되어 있거나, 잠자리에 들어서까지 코로 들고나는 호흡만을 해서는 상기증을 해소할 수 없습니다. 종식이란 발뒷꿈치 발꿈치 종:踵로 하는 호흡 숨 쉴 식:息을 말하는데, 이제는 코가 발바닥 중앙의 용천혈에 있다고 상상하면서 그곳에 의식을 집중합니다. 들숨을 쉴 때는 용천혈을 통해 들어와 발 안쪽의 간·비·신장의 경락을 따라 배꼽을 중심으로 하는 복부로 올라오고, 내쉴 때는 복부에 차 있던 것이 위·담·방광의 경락을 따라 내려가 용천혈을 통해 배출된다고 집중합니다. 호흡은 인위적인 것보다는 자연스럽게 들고나는 숨결을 지켜보면서 행하는 게 좋습니다.

이렇게 집중하면서 하다 보면 보통 15~20호흡을 관찰하기도 전에 잠 속으로 빨려 들어가는 게 보통사람들의 경우랍니다. 그러나 오랫동안 불면증으로 고생한 사람이라면, 처음에는 집중도 안 될 뿐더러 어느새 다른 잡념에 빠져드는 경우가 많습니다. 그러한 사실을 알아차린 순간 다시금 마음을 집중하여 반복하다 보면 어렵지 않게 익힐 수 있습니다.

이렇게 하다 보면 차갑던 발에 따스한 온기를 느낄 수 있죠. 중요한 것은 항상 손발의 온도를 마음으로 인식하여야 한다는 겁니다. 발이 차가운 사람도 이렇게 하다 잠을 자고 일어나면 대부분 발이 따뜻해지게 될 겁니다. 이러한 방법은 불면증을 해결하는 좋은 방법입니다.

이러한 방법은 곧 숙면을 취하기 위한 수단입니다. 숙면熟眠이 왜 강력한 치유수단이 될까요? 이는 바로 무념무상無念無想의 상태를 유지할 수 있기 때문입니다. 대부분 하루 일과를 마치고 집으로 돌아와 잠자리에 드는 것을 하루의 마침으로 여기는데, 이제부터는 숙면이 곧 하루의 시작이라는 생각으로 종식법을 정성스럽게 실천해 보시기 바랍니다. 아울러 앞서 소개해 드린 조신법과 조식법, 조심법을 함께 실천하는 것도 좋을 듯합니다.

# 모든 병은 마음에서 비롯된다

우리 몸은 마음의 상태를 그대로 반영합니다. 그래서 '심신일체心身一切'라 했습니다. 그만큼 몸과 마음은 유기적인 관계 속에서 서로 영향을 주고받습니다. 요즘에는 몸의 긴장완화를 통해 마음을 평화롭게 하는 방법들인 요가, 기공, 스트레칭 등이 유행하고 있습니다. 사실 여러 종교계에서 행하고 있는 각종 수양법들 역시 이러한 방법과 일맥상통한답니다.

몸과 마음은 상호 유기적인 영향을 주고받는데, 이러한 관계가 어긋날 경우 마음은 번민을 일으키고 몸은 통증이나 마비 등과 같은 불편을 호소하게 됩니다. 바쁜 현대인들은 운동을 하고 싶어도 시간이 없다며 온갖 핑계거리를 댑니다. 그러나 몸을 통해 운동할 시간이 없더라도 얼마든지 마음을 잘 운용하면 이를 극복할 수 있습니다.

우리 몸을 운용하는 주체는 마음입니다. 아무리 운동을 한다 해도 몸의 운용주체인 마음이 떠난 상태에서는 소기의 성과를 거둘 수 없답니다. 그만큼 마음의 운용이 중요하다는 말이죠. 마음을 올바르게 운용하는 방법은 '몸 안에서 깨어 있기'입니다. 즉 내 몸이 움직일 때, 근육의 경직도는 어떻고 관절들은 어떠한지 마음으로 느낄 수 있어야 합니다. 곧 순간순간 몸의 변화를 느끼며 움직인다면 사무실에서든 버스나 지하철 등의 이동수단 내에서든 놀라운 운동효과를 거둘 수 있답니다.

우리 몸의 특정부위가 가렵거나 경직되었을 때, 몸의 운용주체인 마음이 깨어서 해당부위를 주도면밀하게 관찰만 해도 어렵지 않게 해소시킬 수 있습니다. 물론 만성화된 질병으로 고통받는 경우에는 많은 시간이 소요됩니다. 특정부위의 질환이 몸의 운용주체인 마음이 느끼지 못한 상태에서 누적되었기 때문이죠. 이럴 경우 편안한 자세로 누워 불편한 부위를 마음으로 바라보며, 최대한 긴장이 완화된 모습을 상상만 해도 상당한 효과를 거둘 수 있습니다.

예를 들어, 허리 굽히기를 하는데 양 손끝이 발목 부위밖에 이르지 못했을 때, 최대한 편안한 자세로 누워서 자신이 유연한 체조선수들처럼 앞가슴이 다리에 밀착된 채 손목 부위가 발끝까지 부드럽게 닿는 모습을 상상하며 10여 분만 지켜보세요. 놀라운 현상이 일어날 겁니다. 바로 마음의 운용효과랍니다.

그런데 우리의 삶을 가만히 들여다봅시다. 너무 생각 없이 조급하게 사는 것은 아닌지, 어떠한 사안에 대해 하루쯤 생각을 묵히지熟盧 못하고 일들에 치여 살고 있는 것은 아닌지, 까닭 없이 치미는 울화에 울컥거리지는 않는지, 그냥 웃어 넘겨도 될 일에 벌컥 화를 내지는 않는지,

한 번쯤 곰곰 내 마음을 살펴봐야 합니다.

요즘에는 사는 것이 각박해서 그런지 사소한 일로 화를 내는 경우가 많습니다. 어른들뿐만 아니라 아이들도 그렇습니다. 왜 그럴까요? 마음의 눈으로 자기 자신을 돌이켜보는 반성反省을 하지 않아서일 겁니다.

영靈적 성숙의 동력이자 추진력은 반성입니다. 내 자신을 곰곰 들여다보는 것만으로도 많은 것들이 해소된답니다. 반성은 느긋함의 여유를 줄 뿐만 아니라 사안에 대한 통찰력을 길러주기도 합니다.

그런데 많은 사람들이 살기도 바쁜데 반성할 시간이 어디 있느냐고 반문합니다. 해야 할 일들이 산더미처럼 쌓여 있는데, 한가하게 신세타령할 시간이 어디 있느냐고 눈을 동그랗게 뜹니다. 그러면서 오직 앞으로 앞으로만 달려가려 합니다.

어찌 보면 "시간 없다"는 말은 모두 핑계에 지나지 않습니다. 하루 24시간은 우리 모두에게 주어지는 시간이지만, 시간이란 항상 상대적인 것이죠. 하루 24시간이 누구에게나 부여되지만 활용여부에 따라 백 시간, 아니 일 년보다 긴 시간이 될 수도 있습니다. 늘 지금 이 순간에 깨어 있다 보면 시간을 얼마든지 늘릴 수 있답니다.

지금으로부터 지나쳐버린 한 시간만이라도 돌이켜 곰곰 들여다봅시다. 무의미하게 보내버린 시간이 우리에게 너무나 많답니다. 깨어 있지 않기 때문이죠. 그러면서 기계처럼 시간의 아귀를 짜맞추는 데 익숙해 있습니다.

조급증은 지금 이 순간에 깨어 있지 않고, 아직 다가오지도 않은 앞일 때문에 걱정이 앞서기 때문에 생기는 것입니다. 마음만 앞서지 몸은 뒤

따르지도 못해 심신心身 간에 괴리만 생길 뿐이죠. 마음과 몸이 따로 노니, 마음은 마음대로 갈팡질팡 두서가 없어지고, 몸은 주인인 마음의 호위를 받을 수 없으니 허둥거리며 망가질 수밖에 없답니다.

지금 이 순간 내가 무엇을 하고 있는지 자신을 들여다봅시다. 자신이 무엇을 하였는지, 무엇을 하고 있는지 깨어서 하는 반성만이 몸과 마음의 괴리를 줄일 수 있을 겁니다.

# 함부로 먹는 음식과 약,
# 우리 몸을 망친다

스트레스stress란 무얼까요? 우리가 일상에서 자주 사용하고 있는 단어지만 그 개념을 물어보면 쉽사리 대답하지 못하는 것 같습니다. 흔히들 '열 받는 것', '뚜껑 열리는 것', '울화통 터지는 것' 등 대부분 정신적으로 스트레스를 받는 경우만 생각하는 것 같습니다.

스트레스란 정신적·육체적 긴장상태를 뜻합니다. 심신일체心身一體라 했었죠. 마음의 긴장은 신체적 긴장을 유발하고 신체적 긴장 역시 마음의 긴장을 유발합니다. 하지만 우리는 타인과의 관계 속에서 생기는 외적인 정신적 스트레스만을 떠올리는 것 같습니다. 먹고 마시는 음식으로 인한 내적인 스트레스 또한 만만치 않음을 간과해서는 안 됩니다.

몸으로 유입된 음식물은 그 즉시 우리 몸에 영향을 미치게 됩니다. 몸에 필요한 것이라면 그나마 다행지만 약성이나 독성이 강한 것들은 몸에 다양한 형태의 긴장상태를 유발하고 혈관을 압박하여 기혈순환의 장애를 불러일으키기도 합니다. 그나마 약성이나 독성을 느낄 수 있는 식재료들은 미각을 통해 어느 정도 제어할 수도 있지만, 그 맛을 느낄 수 없는 캡슐에 싸인 약물은 장기간 복용하게 되면 여러 가지 문제를 일으킵니다. 자신도 모르는 사이에 특정 장기나 기관이 스트레스를 받는 것이죠.

약물의 오남용으로 인한 몸의 스트레스가 갈수록 심각해지고 있는 현실인 것 같습니다. 약물이 오히려 몸의 긴장을 유발해, 정신적·육체적으로 다양한 스트레스를 일으키는 게 오늘의 현실입니다. 그래서 옛사람들은 먹는 것으로부터 유발되는 스트레스를 가능한 줄이기 위해 소식小食을 권장했고, 약물 또한 최대한 억제하며 장기적인 복용은 삼갔습니다. 그러나 우리는 어떻게 하고 있나요? 스트레스를 해소한답시고 과도하게 먹고 마시고 있지는 않나요?

어느 날 간질환과 이런저런 잔병치레로 오랫동안 고생하고 있다는 60대 남성이 필자에게 찾아왔습니다. 그런 그를 위해 그의 아내와 식구들은 몸에 좋다는 여러 음식과 약초를 먹게 했습니다. 하지만 그는 이렇게 말했습니다.

"동충하초도 먹고 홍삼도 먹고 병원에서 처방해 준 간약이랑 영양제도 이것저것 먹었는데요. 이제는 약발이 안 받는 것 같아요……."

몸져누워 있으면, 흔히들 "먹어야 기운을 차리지!" 하면서 환자의 몸상태는 고려하지 않고 값비싸고 구하기도 힘든 것들을 먹이고 있는 것이 현실인 것 같습니다. 몸이 아픈 것은 몸 전체의 균형이 깨져 비정상적인 혼란이 야기되고 있는 것입니다. 따라서 면역력은 물론이고 그 근간이 되는 소화흡수 능력도 저하되었음을 의미하죠.

이때 몸 안으로 유입되는 음식물과 온갖 약물은 부담이 될 수밖에 없답니다. 따라서 몸은 자연적으로 외부에서 유입되는 에너지원을 거부하면서 내치內治, 즉 몸 전체의 면역력을 확보하기 위해 총력을 기울이게 됩니다. 누구나 한두 번쯤은 경험한 일이 있겠지만, 아플 때 서너 끼 정도 식사를 굶고서 푹 쉬고 나면 저절로 회복되는 것을 경험했을 겁니다. 집에서 기르는 고양이나 개 등도 몸에 이상이 생기면 본능적으로 가장 편히 쉴 곳을 찾아 사나흘 동안 꼼짝도 않고 내치內治라는 자연치유력을 행한 후 훌훌 털고서 일상으로 돌아옵니다.

그러나 우리의 현실은 어떠한가요? 가족 중 누가 암癌과 같은 질병에라도 걸리게 되면 사돈네 팔촌까지 정보력을 동원하여 듣도 보도 못한 온갖 약재들을 쌓아두는가 하면, "누구는 어찌 어찌해서 나았다더라!"라는 식의 정보들을 혼란스러울 정도로 수집합니다. 많고 많은 정보 중에서 어느 것이 옳은지 갈피마저 못 잡는 경우를 흔히 보았을 겁니다.

중요한 것은 현재의 몸 상태를 이해하는 것이랍니다. 아무리 값비싸다 할지라도 소화흡수되지 못하면 외려 체내에 적체되어 신진대사에 상당한 장애를 일으킵니다. 따라서 외부에서 들어오는 스트레스적 요소인 음식물이나 약물을 최대한 줄여 몸 내부의 균형을 회복하는 데 주력해야 합니다. 바로 성질이 약한 담백한 음식과 소식小食이 필요합니다. 소식은 식사 후에 복부의 팽만감이 없을 정도로 해야 몸과 마음이 편안해집니다. 먹는 것에 목숨을 걸면 목숨을 잃을 수도 있으니 과식은 피해야 합니다.

다음으로 자신의 건강 상태에 따라 먹어야 할 음식과 피해야 할 음식을 가려내야 합니다. 일례로 간기능이 저하된 경우 녹황색 채소는 바람직하지만 병세가 심해지는 항진일 때에는 독약이 될 수 있습니다.

간은 우측 옆구리 부위에 위치해 있습니다. 때문에 이상이 생기면 우측 옆구리 아래가 당기거나 통증이 나타나기도 합니다. 간과 담에 생체에너지를 공급하는 간경락과 담경락은 우리 몸의 측면으로 흐릅니다. 특히 통증의 경우 간경락보다는 담경락이 더 민감하고 극심하게 나타납니다.

간기능의 이상여부는 이외에도 다양한 경로를 통해 알아볼 수 있습니다. 간기능이 너무 항진되어 있으면 화를 잘 내고 신맛을 싫어합니다. 간염이 그 대표적인 예인데, 간염 환자에게 간기능을 돕는 녹황색 채소류나 매실 등을 먹이면 오히려 간의 기능항진을 부추겨 몸에 악영향을 줍니다. 이와는 반대로 간기능이 저하될 때는 만사가 귀찮고 신맛 나는 것이 먹고 싶어집니다. 지방간이 대표적인 예인데, 지방간 환자에게는 간기능을 돕는 녹황색 채소류나 신맛 나는 음식이 도움이 됩니다.

우리 몸의 오장육부뿐만 아니라 모든 기관은 음양허실 관계를 유지하고 있어 어느 한쪽으로 편중되면 이상 현상이 나타나게 됩니다. 간은 하나지만 우리 몸이 좌우대칭으로 형성되어 있듯, 기능 역시도 대부분 좌우가 허실로 대칭을 이루고 있답니다. 때문에 우리가 먹고 있는 음식 역시 좌우균형을 깨트리는 일방적인 편식을 금해야 합니다. 다시 말하면 '당신은 무슨 체질이니 이러이러한 음식은 절대 먹지 말아야 한다'는 식의 편협한 생각은 버려야 합니다.

중요한 것은 입맛에 따라 먹어야 합니다. 아무리 맛있는 것도 서너 끼를 계속해서 먹다 보면 질리게 마련입니다. 우리 몸은 해당 음식에서 취할 수 있는 영양분을 충분히 얻으면, 다른 음식을 원하게 되는 겁니다.

간기능이 다양한 만큼 우리 몸의 거의 모든 병적 현상은 간과 관련 있습니다. 그만큼 간이 중요한데, 우리나라 사람들은 유독 간 건강에 좋다는 것들을 많이 먹고 있습니다. 무분별한 보신주의에 편승한 '보약 먹기'와 '약물 의존' 때문이죠. 몸이 조금만 이상해도 몸의 자연치유력을 높여주는 운동이나 휴식 등은 뒷전에 몰아놓고, 그저 무슨 보약이나 특효약을 찾기에 급급합니다. 이럴 때면 말없이 우리 몸의 면역력을 높이는 데 여념이 없는 간은 죽을 맛이죠. 무분별하게 밀어닥치는 약물의 독성을 해독해야 되기 때문입니다. 약藥이란 부득이한 경우에만 복용해야 합니다. 지나치게 복용하면 오히려 독이 됩니다.

# 오래 살고 싶다면,
# 하루 세 끼 식사비율을 3:2:1로

세계적으로 장수하는 사람들은 공통적으로 소식小食을 하는데, 식사량을 정확히 계산하기는 쉽지 않습니다. 나라별로 식재료가 다를 뿐더러 영양학에서 말하는 칼로리 또한 각기 다르기 때문이죠. 따라서 동서양의 전통적인 식사방식과 건강한 삶을 추구하는 수련가의 행태를 살펴보면 그 해답을 어렵지 않게 찾을 수 있답니다.

우리 조상들은 전통적으로 아침식사를 매우 중요시하였습니다. 그래서 생일 잔칫상을 잘 차려 친지나 이웃사람을 초대할 때는 언제나 아침식사 때였죠. 요즘처럼 만찬晚餐으로 배불리 먹게 하여 저녁 내내 뱃속에 부담을 주지는 않았답니다. 밥을 높여 부르는 '진지'는 순우리말이지만 아침밥을 중시한 점을 고려한다면 진시辰時: 오전 7~9시에 올리는 아침밥상이라 유추할 수도 있을 겁니다. 그래서 항상 어른들은 "아침밥을 든든하게 먹어야 한다"고 강조해 오고 있죠.

영어의 'breakfast아침밥'의 단어구성을 살펴보면, 'break중단하다'와 'fast단식'의 조합으로 "단식을 중단하다"는 의미가 있는데, 서양 사람들의 아침밥에 대한 오랜 전통입니다. 그들 역시 아침밥을 거르는 것을 금기시했다는 거죠.

이처럼 동서양 모두 오랜 세월 동안 아침밥의 중요성을 관습처럼 강조해 왔습니다. 아침을 거르거나 저녁식사를 중요시하는 만찬의 행태는 어둠을 대낮처럼 환하게 밝히는 전기電氣문화가 들어서면서부터 확산되었습니다. 해가 뜨면서 활동을 시작하고 해가 지면 휴식을 취했던 옛사람들의 생활방식은 대자연의 질서에 따르는 자연스러운 양식이었죠.

정신 및 몸을 수양하는 사람들의 식사방식은 하루 두 끼를 먹는 경우가 많답니다. 세 끼 중에서 몸에 부담이 되는 저녁식사를 거른답니다. 체중을 최대한 늘려야 하는 일본 스모선수들은 단기간에 체중을 늘리기 위해 저녁식사의 비중을 높인답니다.

조반석죽朝飯夕粥이란 말이 있죠. 아침에는 밥을, 저녁에는 죽을 먹는다는 것으로 가난을 뜻하기도 하였지만, 요즘의 식습관을 고려하면 건강식일 수도 있습니다. 따라서 아침식사를 중시하고 상대적으로 저녁식사를 가볍게 해야 합니다. 아침과 점심 그리고 저녁의 비율을 3:2:1로 해야 합니다.

그런데 "밥만 먹고 나면 졸리다"고 하소연하는 사람들이 의외로 많습니다. 아침이나 점심을 먹고 나서 졸리면 업무에 방해가 된다는 이유로 아침이나 점심을 거르거나 간단히 먹는 것입니다. 필자를 찾아온 30

대 후반의 남성도 그런 경우에 속했습니다.

"저는 식곤증이 유난히 심한 편입니다. 밥만 먹으면 졸려서 일이 안 될 정도죠. 아침이나 점심보다는 저녁에 더 많이 먹는 편입니다. 또 저 녁에는 가끔 술자리도 있어서, 칼로리 섭취량을 되도록 줄이기 위해 아 침과 점심을 적게 먹거든요."

물론 사회생활을 하다 보면 술자리를 해야 하는 경우도 많습니다. 하 지만 되도록 하루 세 끼 식사비율을 3 : 2 : 1로 해야 합니다. 그리고 저녁 은 적게 먹더라도 아침과 점심은 꼭 먹는 것이 좋습니다. 그렇다면 밥을 먹고 나서 졸리면 어떻게 해야 할까요?

무언가를 먹고 나서 졸음에 시달리는 것은 몸의 전체적인 기력이 약 해서랍니다. 보통 음식물을 섭취하게 되면 위에서는 소화작용을 위해 그 근간이 되는 혈액이 일시적으로 위장 쪽으로 몰리게 됩니다. 전체적 으로 기혈순환이 부진한 사람이라면 상대적으로 소화작용을 위해 위로 유입되는 혈액량에 비해 뇌로 흐르는 혈액량이 부족하기 때문에 졸음 이 오게 된답니다.

따라서 식사 후에 졸음이 온다면 몸 전체적으로 기혈순환이 부진한 것이죠. 이러할 때 소화를 돕는다고 운동을 하게 되면 오히려 소화불량 으로 고생할 수 있답니다. 위로 유입되어 소화작용을 도와야 할 기혈이 다른 신체부위로 흩어지기 때문이죠. 그래서 소화장애로 더 고생하게 된답니다. 이때는 잠시 한숨 자는 것이 몸 전체에 유익하답니다. 이러한 이유로 필자는 30대 후반의 남성에게 다음과 같이 조언해 주었답니다.

"점심시간을 이렇게 활용해 보세요. 점심식사를 하고 나서 잠시나마 짬을 내어 단잠을 즐기십시오."

이 남성은 필자가 권한 대로 하루 세 끼 식사비율도 3:2:1로 바꾸었습니다. 그리고 1년여 지나서 회사에서 건강검진을 받았더니 신체건강 나이가 2년 전보다 오히려 3살 적게 나왔다고 기뻐했습니다.

참고로 식곤증은 기력이 쇠약한 노인에게서 자주 나타나는 현상이지만, 젊은 사람에게 나타난다면 기혈순환은 물론 신진대사 능력이 저하되었음을 뜻하기 때문에 과체중인 경우가 많습니다. 따라서 평소에 근육운동은 물론 기혈순환을 촉진할 수 있는 운동을 병행해야 한답니다.

# 암癌, 어떻게 예방해야 할까?

만물의 영장인 인간이 가장 두려워하는 것은 무엇일까요? 아마도 암
癌이 아닐까요?

사실 암은 쉽게 치료할 수 없는 질병입니다. 많은 사람들이 암세포를
일컬어 '미치광이'세포로 취급하며 박멸 아니면 제거하는 데 역점을 두
는 게 현실입니다. 하지만 우리 몸의 극히 일부분인 암세포를 죽이려다
정상적인 세포들을 못살게 할 뿐만 아니라 전체적인 면역력을 약화시
켜 오히려 조기사망을 초래할 수도 있습니다.

암세포는 자기 통제와 의식도 없이 날뛰는 미치광이 세포가 아니라
조직력을 갖춘 '부랑자'세포입니다. 암세포를 검사하기 위해 흔히 행해
지는 조직검사를 했을 때, 자신의 생존위험을 감지한 암세포는 우리 몸
의 치안이 허술한 곳을 찾아 이동전이을 서두르게 되는 것이죠.

암은 어느 날 부지불식간에 덜컥 생기는 것은 아닙니다. 이 또한 순환

계의 이상에서 초래된 것으로 오랜 시간이 경과한 뒤에 생기는 병입니다. 그리고 최근 들어 갑자기 생긴 질병도 아닙니다. 우리 인류가 대자연의 이치를 거스르는 행위를 하면서부터 생긴 아주 오래된 질병 가운데 하나입니다.

'癌<sub>암</sub>'이라는 글자는 아주 오래전부터 있어왔습니다. 진시황<sub>서기전 259~210년</sub>이 신하인 이사<sub>李斯</sub>에게 문자통일을 하게 한 결과물인 소전체에도 이 글자가 있는 것으로 보아 2,200여 년 전에도 있었던 질병이라 할 수 있습니다. 이 글자는 '몸속에 바위<sub>嵒: 바위 암</sub>와 같이 묵직한 이물질이 자리 잡아 병들어 누워<sub>疒: 병들어 기댈 녁</sub> 있다'는 뜻을 지녔답니다.

십여 년 전 중국의 한 의학자가 "암이 곧 죽음으로 이어지지 않는다"고 발표한 논문에 따르면, "정상적인 삶을 살다가 운명한 사람 400여 명을 해부했을 때 40%가량의 사체에서도 암이라는 덩어리가 발견되었습니다." 이는 곧 암세포를 죽이지 않더라도 생명에 크게 위협을 가하지는 않는다는 것이죠.

우리나라 사람에게 가장 많이 나타나는 위암의 경우를 살펴봅시다. 위암은 위염이나 위궤양 등이 정상적으로 회복되지 않았을 경우, 그것이 만성적으로 되어 위장의 해당 부분에 기혈순환이 잘 통하지 않게 될 때 그곳에 터를 잡게 되는 겁니다.

우리 몸에 발생하는 모든 질환은 원인이 있게 마련이죠. 따라서 원인을 해소하지 않고, 현상으로 나타난 증상<sub>씨</sub>만을 억제하려 하면 그 뿌리가 더욱 견고해지기 십상입니다. 요즘은 각종 새로운 암들이 발견되고 있지만 그 발생원인은 대부분 오장육부의 부조화로 인한 것이라 할 수 있죠.

어느 날 필자는 위암환자를 상담해 주었습니다. 중소기업을 운영하던 그는 평소에 불규칙한 생활을 했습니다. 수면시간도 일정치 않았고 식사시간도 불규칙했습니다. 그러다 보니 소화기관인 위에도 문제가 발생하여 병원에 가서 정밀진단을 해보니 위암이라는 진단이 나왔습니다. 그래서 위기능을 회복하기 위해 멥쌀 두세 스푼만을 넣고 30여 분간 중불에 맑은 죽을 쑤어 다른 반찬 없이 조선간장에만 먹게 하였죠. 옛사람들이 기력이 떨어진 노인들에게 주로 해오던 방법이었습니다. 그렇게 한 달여간 식사하고 몸을 회복한 뒤에는 제철음식만 들게 하였죠. 그랬더니 건강이 상당히 호전되었다고 합니다.

우리 몸의 암은 소화흡수 능력은 물론 면역체계에도 문제가 있기 때문에 생기는 것입니다. 그런데 온갖 좋다는 음식은 물론 진귀한 약재를 찾아 먹기 때문에 문제가 생기는 겁니다. 거듭 말씀드리지만 애완용으로 기르는 개나 고양이는 어디가 아프면 자리 좋은 곳에 웅크리고 앉아 사나흘 정도 아무것도 먹지도 않는 단식을 통해 면역력과 소화흡수 능력을 회복하는 데 주력합니다. 때론 본능적인 동물의 지혜를 본받을 필요가 있는 것 같습니다.

# 나에게 맞는 옷 색상은 따로 있다

우리는 본능적으로 자신의 생리기능에 유리한 색을 선택하고 싶어 한답니다. 그렇게 선택한 색깔의 옷을 입고 나서면 유난히도 "정말 잘 어울린다"는 소리를 듣게 될 확률이 높습니다.

일곱 색깔 무지개가 그렇듯 색은 파장의 길이에 따라 결정된답니다. '빨, 주, 노, 초, 파, 남, 보'의 일곱 색깔 중 빨강색에 가까울수록 파장이 길며, 보라색에 가까울수록 그 길이가 짧습니다. 그래서 파장이 긴 빨강 색 계열은 활동적이며, 보라색 계열은 보다 정적이며 고급스러운 이미 지를 심어줍니다. 그래서 정열적인 사람에게는 붉은색이, 고요하고 성 스러운 의미를 담은 보라색은 영적 수양을 선도하는 성직자에게 잘 어 울립니다.

색깔은 시각적으로 우리에게 다양한 이미지를 줄 뿐만 아니라 신체 에 적잖은 영향을 준답니다. 그래서 동양의학에서는 우리 인체의 생명력을 이끄는 오장육부에 오행적 색상을 부여해 왔습니다. 심장은 빨간색, 비장은 노란색, 폐는 흰색, 신장은 검은색, 간은 청색이 부여되었습니다. 색상의 파장을 오장육부에 결합한 것이죠. 따라서 심장이 안 좋은 사람은 빨간색 옷을 입는 것이 좋고, 비장이 안 좋다면 노란색, 폐가 안 좋다면 흰색, 신장이 안 좋으면 검은색, 간이 안 좋으면 청색 옷을 입는 것이 좋습니다. 참고로 먹거리의 색상을 고려해 '이 음식은 어느 장부에 좋겠다'는 식의 식이요법이 등장하기도 했답니다.

여기서는 모든 색상에 대해 말하는 대신에 검은색만 이야기해 보겠습니다. 검은색은 오행 중 수水에 해당합니다. 계절적으로는 만물의 기운을 갈무리하는 겨울을 상징하기도 합니다. 또한 검은색은 오장육부 중 신장과 방광을 의미하기도 하는데, 이 장부는 생명력의 근간인 정자와 난자를 생산해 세대를 번식하는 중요한 기관입니다.

따라서 검은색은 씨앗과 관련이 깊답니다. 우리 인체에서 씨앗을 생산하는 힘을 정력이라고 하는데, 정력의 에너지원은 신장이랍니다. 우리는 오장육부 중에서 가장 근원적인 기관으로 콩팥신장을 꼽는데, 그 이유는 가장 먼저 생성되는 기관일 뿐만 아니라 다음 세대를 복제할 수 있는 생명을 만드는 중추적 역할을 하기 때문이죠.

해부학적으로 보면 콩팥은 단지 오줌을 걸러주고 온도를 조절하는 몇몇 기능으로 한정할 수도 있지만, 계통적으로 보면 생명력을 유지하는 근간을 담당하고 있습니다. 따라서 예부터 신장기능을 활성화하고 정력을 보강하기 위해 검은색을 띤 참깨흑임자: 黑荏子를 선호하였던 것이죠. 검은색은 신장기능에 도움을 줄 뿐만 아니라 검정깨라는 '씨앗'에는 잠재된 에너지가 농축되어 있기 때문이랍니다.

겨울을 의미하는 검은색은 모든 색을 흡수할 뿐만 아니라 반대로 특정한 색에 소량의 검정색을 배합할 경우 오히려 더 진하게 만들어주기도 합니다. 우리 몸의 콩팥은 그 기능이 80% 정도까지 소실되더라도 생명력을 유지하기 위해 최선을 다할 뿐 여타 장부에 비해 불편함을 호소하지 않습니다.

검은색은 지혜를 상징하기도 하며, 누구도 쉽게 거역할 수 없는 권위와 두려움을 의미하기도 합니다. 일례로 운동시합에서 경기운영의 관건을 쥐고 있는 심판이 검은색 복장을 입고, 어느 한쪽에 치우치지 않고 준엄한 판결을 내리는 법관의 법복이 검정색을 띤 것도 이와 관련이 깊습니다. 콩팥기능의 대표 계통인 두뇌작용을 돕기 위한 색이 바로 검정색이랍니다.

따라서 우리 몸의 생식능력을 비롯하여 생명유지의 중추적 역할을 담당하고 있는 콩팥기능을 향상시키기 위해서는 정력보강이 필수적인데, 상시적으로 할 수 있는 방법이 검은 옷을 입는 일입니다. 매번 검정 옷을 입기가 뭐하다면 생식기를 감싸고 있는 팬티라도 검정색으로 입어보시기 바랍니다.

그런데 우리가 사는 세상의 모든 것은 변화하고 있습니다. 물질세계에서 고정불변이란 없답니다. 매순간 변화를 일으키고 있죠. 따라서 우리 인체 역시 변화를 거듭하고 있는데, 나에게 맞는 색상 역시 고정적인 것은 없습니다.

오늘날과 같이 다양한 색상의 의복을 갖출 수 없었던 고대의 사람들은 이를 극복하기 위하여 여러 색상의 천을 덧대어 입었답니다. 이러한 전통은 오늘날에도 옛 전통을 이어오고 있는 인디언이나 중국의 소수민족에게서 찾아볼 수 있습니다.

우리 문화에도 그 흔적이 적지 않습니다. 아이들에게 입히는 색동저고리가 대표적이라 할 수 있죠. 색깔의 파동 에너지를 조화롭게 하기 위해 일곱 색깔에 가까운 색동옷을 입혔던 것이랍니다. 색동옷을 입은 어린아이들의 표정은 순진무구합니다. 인디언이나 세계 소수민족의 표정을 보더라도 인간 본연의 순박함을 지니고 있습니다. 이는 곧 색의 조화가 소우주인 인체에 많은 영향을 미치고 있다는 증거랍니다.

그런데 오늘날에는 학교 또는 회사 등에서 획일화된 유니폼을 입곤 합니다. 조직의 결속력을 높일 수는 있겠지만 개인의 건강에는 좋지 않다는 게 문제입니다. 어떠한 특정한 색깔이 결속력을 대변하기도 하지만, 여러 색깔이 조화를 이룰 때 사회 전체적으로 건강성을 유지할 수도 있습니다. 따라서 우리는 심신의 안정과 건강을 위해 색의 조화를 꾀할 필요가 있습니다. 개인의 건강을 위해 자신이 본능적으로 원하는 색상의 옷을 입으시기 바랍니다. 만약 그러기가 힘드시다면 속옷만이라도 우리 본능이 요구하는 색상으로 입는 것도 건강의 방편이 될 수 있답니다.

# 제2부

## 재물운이 풀리는
## 운명독법

# 동양고전에서 찾은 재물운

『장자』「인간세」에서는 장애인인 지리소를 등장시켜 타고난 재물운에 대해 말하고 있습니다. 누구나 자기 일에 충실하고 욕심을 부리지 않으면 살아갈 수 있는 재물을 얻을 수 있다고 말합니다.

"장애가 아주 심한 지리소支離疏라는 사람이 있습니다. 턱이 배꼽에 가려지고, 어깨는 정수리보다 높았으며, 상투는 하늘을 가리키고, 오장육부는 위쪽에 붙어 있으며, 두 넓적다리가 옆구리에 닿아 있는 형국입니다. 그럼에도 삯바느질과 빨래질을 통해 충분히 먹고살 수 있었습니다. 여기에 산가지를 흔들어 치는 점과 쌀알을 흩뿌려 치는 점을 통해 열 식구도 넉넉히 먹여 살릴 수 있었습니다. 나라에서 병사를 징집할 때도 두 팔을 휘저으며 유유히 다닐 수 있었고, 나라에서 큰 울력공사를 해도 항상 몸이 성치 않아 끌려가지 않았습니다. 그러면서도 나라에서 병자에게 곡식을 나눠줄 때는 세 종류의 곡식과 장작 열 다발을 받기도 합니다. 이처럼 육체가 온전치 못한 자도 제 몸을 건사하며 천수를 누리는데, 하물며 덕이 온전치 못한 자야 더 말할 게 있겠습니까!"

이 책의 제2부에서는 재물운에 대해 알아볼 것인데, 대부분의 동양고전들은 재물을 모으는 데 혈안이 되어서는 오히려 불행을 자초하게 된다고 말합니다.

『대학』「전」제6장에는 "부유함은 집안을 윤택하게 하고, 덕은 몸을 윤택하게 하니, 마음이 넓어지고 몸이 편안해진다고 했습니다"라는 말이 나옵니다. 이에 대해 주희는 "부유하면 집안을 윤택하게 할 수 있으며, 덕을 갖추면 몸을 윤택하게 할 수 있음을 말하고 있습니다"라고 주석하였습니다. 집안이 부유하고 윤택하기 위해서는 재물운이 따라야 하는데, 재물운이 따르려면 재물에 집착해서는 안 된다는 것입니다.

『도덕경』제9장에서는 "황금과 옥으로 집을 가득 채우면, 그것을 지켜내기가 어렵습니다. 부유하고 신분이 높으면서도 교만하다면, 스스로 자신의 허물을 남기게 됩니다"라고 했으며, 하상공은 이에 대한 주석에서 "지나친 기호품이나 욕심은 신神을 상하게 하고, 재산이 너무 많으면 몸이 자유롭지 못합니다. 부유한 사람은 당연히 가난한 사람을 도와야 되고, 신분이 귀한 사람은 마땅히 신분이 낮은 사람을 가엾게 여겨야 하지만, 도리어 교만하고 방자함을 부린다면 반드시 재난과 불행을 입게 됩니다"라고 하였습니다.

그렇습니다. 재물에 집착해 황금과 옥으로 집을 가득 채우면, 그것을 지켜내기가 어렵습니다. 사리사욕私利私慾에 사로잡히면 반드시 재난과 불행을 입게 되는 것입니다.

『장자』「도척편」에는 이런 이야기도 나옵니다. 만족을 모르는 무족無足이란 자가 분수를 잘 아는 지화知和에게 불평을 늘어놓자, 지화가 대답합니다.

"평범하고 단순한 삶이 곧 행복입니다. 지나치게 넘쳐나는 건 해롭습니다. 모든 것이 그러하지만 그 가운데에서도 특히 재물이 더욱 심합니다. 오늘날 부자들은 귀로는 종과 북이나 피리와 퉁소와 같은 악기 소리에 빠져들고, 입으로는 산해진미와 술에 취해 욕망을 충족시키면서도 자기가 해야 할 일을 잊고 있으니 이는 곧 난잡함에 빠졌다고 말할 수 있을 겁니다. 그들은 강렬한 탐욕에 빠져들어, 마치 무거운 짐을 짊어지고 오르막길을 오르는 것과 같으니 이는 곧 고행이라 말할 수 있습니다. 그들은 재물을 탐내다 병이 들고 권력욕에 빠져 기력을 소진하고 있는 겁니다. 한가롭게 지낼 때는 색욕에 빠져들고 몸이 성할 때는 탐욕에 빠지니, 이는 곧 병들었다 말할 수 있습니다. 그들은 부를 얻기 위해 이득 나는 곳으로만 나아가기 때문에 귀를 막고 욕망이 가득해 위험이 도사리고 있는데도 피할 줄 모르며, 탐욕을 버릴 줄도 모르니 참으로 수치스럽다고 할 수 있을 겁니다. 그들은 재물이 가득 쌓여 있는데도 쓸 줄을 모르며 가슴 가득 욕심을 버리지 못하니, 마음속으로는 불안초조하면서도 끝없이 이익만을 추구합니다. 그러니 걱정스러운 겁니다."

필자 역시 오랫동안 동양고전에 천착하다 보니 재물에는 그다지 관심을 두지 않는 습관을 갖게 된 것 같습니다. 그래서 아내와 가족들에게 늘 듣는 소리가 "제발 돈에 관심을 두라"였습니다.

하지만 필자는 옛 선현들의 말이 옳다고 생각합니다. 옛 선현들은

"진정한 부자가 되기 위해서는 탐욕부터 버려야 한다"고 말했습니다. 가난한 사람을 가엽게 여기고 재물을 나누는 사람에게는 더 큰 행운이 찾아오게 마련입니다. 재물운이 좋아지게 하는 습관을 기르는 법을 알아보기 전에 우선 관상법부터 알아보기로 합시다.

# 12궁을 알면 재물운이 보인다

재물운을 파악할 때는 재백궁재물 재財, 비단 백帛과 전택궁밭 전田, 집 택宅 그리고 복덕궁복 복福, 덕 덕德을 살펴봐야 합니다. 『마의상법』에서는 "코는 재물운을 보는데, 이곳이 풍만하고 밝으면서 윤택하여야 재물이 넉넉합니다. 콧대는 대롱을 쪼갠 것처럼 반듯하고, 코끝은 쓸개쓸개 담膽를 매단매달 현懸 것, 즉 현담과 같이 생기면 많은 창고와 보물상자가 곧게 솟아오른 것처럼 일생 재물이 왕성하고 부귀합니다"라고 하였습니다.

"귀 잘생긴 거지는 있어도 코 잘 생긴 거지는 없다"는 말도 있습니다. 귀는 유년운과 관련 있는데, 코는 인생의 중요 시기인 중년운과 관련 있습니다. 따라서 중년운을 볼 때는 코를 봐야 합니다.

『상리형진』에서는 재백궁에 대해 "만약 코의 생김새가 풍부하고 그 기세가 등등하면, 정녕코 재물이 하늘로부터 오게 됨을 알 수 있으며,

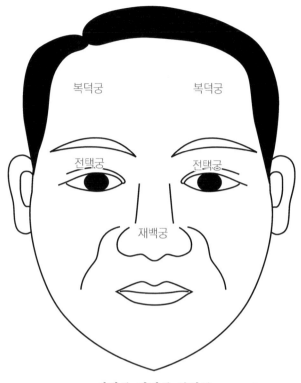

**재백궁, 전택궁, 복덕궁**

코가 뾰족하고 야박하면서도 탄력이 없으면 어찌 주머니에 남은 저축이 있으리오"라고 기술하고 있습니다.

논밭과 집을 뜻하는 전택궁은 좌우 두 눈두덩에 위치하고 있는데, 『마의상법』에서는 "눈동자가 옻칠을 한 것처럼 분명하면 일생 사업이 번창하고, 눈동자가 붉게 충혈되거나 흰자위가 지나치게 넓은 사람은 재산을 탕진하게 됩니다"라고 하였답니다. 『상리형진』에서는 "전택은 오행 중 토 기운을 띠는 것으로, 이곳이 두텁고 밝고 윤택한 기색이 드러나면 전택이 점차 늘어나 부유하게 됩니다. 만약 이곳이 낮은 평상과 같고 어두운 그림자가 드리우면 전택이 사라지게 됩니다. 만약 이곳에 누런 기색이 보이면 사업이 왕성하게 되면서 재산이 늘어나고, 거무스레한 기색이 보이면 전답을 잃게 되고 몸마저 위험에 처하게 된답니다. 그곳에 붉은 기색이 드러나면 소송에 휘말릴 수 있고 전답을 보전하기 어렵게 된답니다. 그곳에 흰 기색이 드리우면 부모를 잃게 될 조짐이며, 자신도 일자리에서 물러나게 됩니다. 그러나 홍윤의 기색이 돌면 전답이 늘어나고 집안 분위기도 화기롭습니다. 또한 여기에 밝은 황토색의 기운이 감돌면 어떤 일을 하여도 다 이루어질 겁니다. 그러니 군자는 벼슬로 출세하고, 소인은 귀인을 만나 도움을 받게 되며, 무관의 직책에 있는 사람은 수많은 병마를 얻게 되고, 그곳에 살기가 드리운 사람은 사찰기관에 종사하게 될 것"이라고 하였답니다.

재물운을 알아보기 위해서는 복덕궁도 참고해야 합니다. 또 복덕궁과 함께 눈초리 옆 부위인 천창도 살펴야 합니다. 천창은 하늘에 있는 창고인데, 그 사람의 활동력을 알아볼 수 있는 곳입니다. 이곳이 홍윤색으로 밝으면 사업운이 밝아 재물을 모을 수 있습니다. 특히 『마의상법』에서는 "턱이 둥글고 이마가 좁으면 초년에 고생하게 되며, 이마가 넓고 턱이 뾰족하면 초년운은 좋으나 말년운이 좋지 않습니다"라고 하였습니다. 또 『상리형진』에서는 "이 부위의 기색이 푸른빛이 드리워 있으면 근심과 의심하는 마음이 끊이지 않아 가정이 안정되지 않습니다. 붉은 기색이 보이면 구설수와 함께 시비를 다툴 일이 발생하기도 하고 주색잡기로 욕됨을 당할 수도 있으니 조신해야 합니다. 흰빛이 드리워 있는 것은 재앙이나 질병에 노출될 수 있으며 가세가 기울어질 수 있다는 암시랍니다. 검은빛이 보이면 하는 일에 막힘이 있고, 분홍빛과 누런 기색이 얼굴에 가득하면 화기애애한 가운데 길조가 들 형상입니다"라고 하였답니다.

 필자를 찾아오는 사람들 중 부자도 많은데, 그분들의 얼굴에는 다음과 같은 공통점이 나타납니다. 코의 생김새가 풍부하고 기세등등하며, 눈동자가 또렷하면서 눈두덩이 두텁고 밝으며, 복덕궁이 밝은 홍윤색을 띱니다. 대기업에서 임원을 지내다 은퇴한 분이 있는데, 그분의 경우가 이에 해당합니다. 그는 3층짜리 대저택에서 거주하고 있는데 주변사람들에게 여러 형태로 기부를 하거나 도움을 주고 있습니다. 그러니 그를 따르는 사람들이 많은데, 덕분에 여러모로 도움을 받기도 합니다. 결국 주위 사람들을 가엽게 여기고 재물을 나누는 사람에게는 더 큰 행운이 찾아오게 마련입니다.

# 준비된 자가
# 찾아온 행운을 잡을 수 있다

우리나라뿐 아니라 전 세계적으로 유행하고 있는 것이 한 번에 행운을 잡는 '복권'입니다. 그야말로 대박을 꿈꾸는 사람이 의외로 많다는 것이죠. 그러나 복권당첨자들의 상당수는 불과 몇 년도 지나지 않아 패가망신하곤 합니다. 그렇다면 일확천금이 굴러왔을 때 어찌해야 할까요?

일확천금이 굴러와도 준비되어 있지 않으면 소용없습니다. 일용직에 종사하던 A씨가 그랬습니다. 우연히 동료들과 술을 한 잔 마신 뒤 집으로 가던 중 복권 파는 곳을 지나다 주머니에 남아 있던 꾸깃꾸깃한 돈을 꺼내 천 원짜리 복권 한 장을 샀답니다. 그러고는 곧 잊어버렸죠.

한 달여가 지났습니다. 같이 복권을 구매했던 사람 중 한 사람이 일을 마치고 자기가 한 잔 산다고 했습니다. 동료들은 의아한 눈길을 보내며 술집으로 향했습니다. 선술집이었죠. A씨는 '별일도 다 있구나!'라고 생각하며 철철 넘치는 막걸리 잔을 비운 뒤 말했습니다.

"우리야 좋지만! 안사람 등쌀을 어떻게 견딜라고? 무슨 좋은 일이 있었던 거야?"

그러자 그가 술잔을 비우며 자초지종을 말했습니다.

"지난번에 일 끝나고 우리 복권 샀잖아! 그게 된 거야. 많지는 않지만 오늘 술값은 너끈하다네. 자, 마시자고!"

그 말을 들은 A씨는 자신도 복권을 산 일이 떠올랐지만, '내 복에 무슨'하며 체념해 버렸습니다. 집으로 돌아온 그는 혹시나 하는 마음에 복권을 찾아 번호를 대조하다 대경실색하며 소리쳤답니다.

"이게 꿈이여! 생시여!"

지금껏 만져보지도 생각하지도 못했던, 무려 10억 원이 넘는 당첨금이었습니다. 그날 이후 그는 세상을 다 가진 듯 주변사람들에게 호기를 부렸죠. 그는 가장 먼저 동료들을 불러내 술집으로 향했습니다. 평소엔 엄두도 못 냈던 고급 술집이었죠. 동료들은 서로 눈치를 보며 머뭇거렸습니다.

"이 사람들아, 어서 따라와! 오늘은 거나하게 취해 보세!"

작업복 차림의 사내들이 들어오자 술집 지배인은 난감한 표정을 지었습니다.

"이봐! 여기 양주 좀 내오고, 이 집에서 제일 비싼 안주로 한 상 차려 봐!"

동료들은 어안이 벙벙했습니다. 일을 마치고 선술집의 간이의자에 앉아 막걸리나 마시던 평소의 그답지 않았기 때문이죠. 술과 안주가 차려지자 동료들은 그의 눈치를 살폈습니다.

"내가 말이네. 거액의 복권에 당첨됐다네!"

동료들이 미심쩍어하자, 거액이 찍힌 통장을 탁자 위로 던지면서 호탕하게 웃어댔습니다. 그날 이후로도 그는 주색잡기에 빠졌답니다.

하지만 그런 날들이 오래가지 못했죠. 재물이란 관리를 못하면 바닥이 드러나는 법. 빈털터리가 되자 동료들도 외면을 하고, 가족들마저 등을 돌렸으며, 종국에는 외톨이가 되어버렸답니다.

그는 찾아온 행운을 내 것으로 받아들일 준비가 되어 있지 않았던 겁니다. 지금 여러분에게 수십억의 거금이 생긴다면 어찌할 건가요? 우선 그 쓰임을 구체적으로 생각해 볼 필요가 있습니다. 평소에 가장 하고 싶었던 일에 몇 할을 투자할 것인지, 도움을 받았던 사람들에게 몇 할을 나누어줄지 등을 생각해 두지 않으면 흥청망청하며 모처럼 찾아든 행운을 놓치기 십상이랍니다.

예나 지금이나 재물을 잘 다루지 않으면 자신은 물론 주변 사람들에게도 피해를 줍니다. 어떻게 모으고 어떻게 쓰는 것이 현명한 일인지, 곰곰 생각해 보지 않을 수 없습니다. 오늘 내가 하찮게 여기거나 버리는 것들이 누구에게는 소중한 양식이 될 수도 있고, 집안 한구석에 방치된 것들이 누구에게는 꼭 필요한 물품이 될 수 있기 때문이죠.

조선 시대의 유학자 이익李瀷은 『성호사설星湖僿說』에서 다음과 같이 강변합니다.

"대개 재물이란 아끼지 않으면 모으지 못한다. 그러나 인색하게 모으고 나서도 마음에 습관이 되어버리면 늘 자기보다 많이 모은 자와 비교하면서 오직 부족하다고만 느끼게 된다. 그러므로 성정이 인색한 사람은 남에게 베풀 줄 모를 뿐만 아니라 자신에게 쓰는 것조차 아까워하며 자신의 질병에조차 약을 쓰질 못하게 된다. 그러다 갑자기 죽어버리면 다른 사람의 것이 되어버림을 알지 못한다. 또한 산해진미가 비록 많다 하더라도 배가 부르면 그만인데, 자신은 이미 배가 불러 싫증이 났으면서도 썩혀 문드러질지언정 나눠주지 않는 경우도 또한 많은 것 같다."

우리 주변을 살펴보면 이러한 사람이 많은 것 같습니다. 이웃이 있기에 내가 살 수 있음을 간과한 것이 아닐까 하는 생각이 들기도 합니다.

# 거두어들이려면 반드시 먼저 베풀어야

우리 속담 중에 "가는 게 있어야 오는 게 있다"는 말이 있습니다. 이는 우리 인간 세계에만 적용되는 것이 아닌 것 같습니다. 대자연에서 살아가는 동식물도 상호관계를 맺으며 살아갑니다. 자기만 아는 사람의 말로는 그리 좋지 않은 것 같습니다.

언젠가 필자의 지인이 친구 이야기를 했습니다.

"그놈은 세상을 무슨 맛으로 사는가 모르겠단 말이야! 가진 게 없다면 내가 말도 안 하지! 백 채가 넘는 아파트로 벌어들이는 월세가 얼만데! 나이 육십이 넘게 살면서 그렇게 지독한 놈은 본 적이 없다니까!"

그러면서 핏대를 올리는 겁니다. 이야기인즉슨 그래도 고향친구라서 계속 만나왔는데, 밥은커녕 술 한 번 자기 돈으로 산 적이 없다는 거였습니다. 계산을 할 때가 되면 온갖 구실을 대며 다음에 산다고 한다는 겁니다. 그러니 만나던 친구들이 모두 떠나버려 안타까운 마음에 자기만이라도 친구 아닌 친구 역할을 울며 겨자 먹기로 하고 있다는 거였습니다. 친구들에게만 인색한 게 아니라 가족들에게는 더 지독한 구두쇠여서 가족 간의 화목은 기대할 수도 없다고 했습니다.

이러한 유형의 사람들은 대개 오장육부 중 토장부인 비위脾胃 기능에 문제가 생깁니다. 실제로 그 역시 오래전부터 당뇨에 시달리다 최근엔 더욱 악화되어 인슐린주사 없이는 견딜 수 없다고 합니다.

세상만사는 마치 부메랑과 같습니다. 원인 없는 결과가 없듯 꽃이 피어야 열매가 맺는 게 대자연의 이치입니다. 세상에 공짜는 없습니다. 수없이 피고 지는 꽃들도 벌과 나비를 불러들이기 위해 향기로운 꿀을 내주고 자신의 목적인 수정을 마칩니다. 가는 게 있어야 오는 것도 있는 법이죠.

베풀지 않고서는 복덕을 바랄 수 없습니다. 복을 지어야 덕이 따라오고 덕을 베풀어야 복이 오는 게 세상 이치죠. 흔히 말하는 응보應報란 선악의 행위에 응하여 그 갚음이 나타나는 고락苦樂의 결과를 말합니다. 현재 자신이 처한 상황은 지난 과거의 결과이며, 또한 오늘의 행동거지에 따라 다가올 미래의 모습이 결정되는 법입니다. 이 사실을 안다면 지금 이 순간을 헛되이 살 수 없을 겁니다.

그래서 노자는 "거두어들이려면 반드시 먼저 베풀어야 합니다"라고 하였습니다. 남을 위해 보이지 않게 선행을 베푸는 일은 예로부터 권장되어온 덕목이었죠. 남모르게 선행을 베풀 때는 그 음덕陰德이 크고 작은 것이 중요한 것이 아니라 정성스러운 마음이 중요합니다. 그래야 음덕양보陰德陽報, 남모르게 덕행을 쌓으면 언젠가는 반드시 그 보답을 받게 되는 것입니다.

필자와 자주 만나는 분들 중에는 알게 모르게 많은 음덕을 베푸는 여성분이 있었습니다. 늘 미소를 지으며 사람들을 아주 편안하게 하였죠. 또한 물질적으로 어려운 사람이 있으면 남모르게 도움을 주곤 하였답니다. 그러니 남편의 사업운도 잘 풀리게 되었습니다.

그분의 남편은 경기가 어려운데도 자동차 부품업을 하고 있었는데 오히려 사업이 잘되었습니다. 자동차산업이 수출도 내수도 침체되자 자기 코가 석 자였지만 그 부부는 어려운 사람에게 음덕을 베풀었습니다. 어려운 가운데서도 사재를 털어 직원들의 월급이 밀리지 않도록 했고, 다른 자동차 부품업체들에 여러모로 도움을 주었습니다. 많은 사람들이 따르니 위기가 곧 기회가 되었습니다. 다른 자동차 부품업체들이 불황으로 문을 닫으니 그런 업체들이 납품해야 할 물량들이 그 회사로 몰려든 거죠. 불황으로 문을 닫은 업체들이 평소에 받은 은혜를 잊지 않아서 그 회사에 거래처를 소개해 주었기 때문입니다.

명예욕이든 재물욕이든 욕심을 부리자면 끝이 없는 것 같습니다. 과도한 욕심은 언제든 화를 부르게 마련이죠. 그래서 눈 밝고 귀 밝은 옛사람들은 "적당히 그칠 줄 알고 현실에 만족하는 삶을 살라"는 당부를 누누이 하였습니다. 명예와 잇속만을 좇다 보면 마치 불나방처럼 최후를 맞게 됩니다.

비워낼수록 마음의 폭이 넓어지는 것 같습니다. 우리는 자신만의 잣대를 들이대며 시시비비를 가리곤 하는데, 지나친 이기심에 사로잡히면 사람도 잃고 돈도 잃게 마련입니다. 마음을 비우면 우주도 안을 수 있지만 욕심이 가득 차면 바늘귀 하나 들일 틈도 없어지는 것이 우리네 마음인 것 같습니다. 마음을 비우고 베푸십시오. 그래야 거두어들일 수 있답니다.

# 말만 바꿔도 재물운이 바뀐다

우리가 사는 지구촌의 인사말은 문화적 양태만큼이나 다양합니다. 그러나 언어가 다를 뿐 대략 세 가지로 요약할 수 있을 것 같기도 합니다. "한 푼 줍쇼"처럼 도움을 요청하는 구걸형 인사말, "감사합니다! 고맙습니다!"처럼 도움에 대한 답례와 관련된 답례형 인사말, "축하드립니다!"처럼 바라는 일이 이루어지기를 비는 기원형 인사말이 그것들입니다. 물론 일률적으로 재단할 수는 없는 일이죠.

"한 푼 줍쇼"와 같은 구걸형 인사말은 경제적으로 빈곤한 처지에 놓여 있음을 그대로 드러내는 것 같습니다. 이러한 인사말에는 궁색한 자신의 처지에서 벗어나려는 의지가 반영되기 때문에 기복祈福적인 것 같습니다. 즉 자신의 이익만을 바라는 자리自利적 성향이 그대로 드러난다고 볼 수 있죠. 한국전쟁의 상흔이 차마 가시지 않은 1960년대까지만 해도 우리 사회에서는 이러한 인사말이 많았습니다. 그리고 먹고사는 것이 만만찮아서 "진지 드셨습니까?" 혹은 "밥은 먹었냐!"와 같은 생계형 인사말이 널리 통용되었던 것 같습니다.

"감사합니다! 고맙습니다!"와 같은 답례형 인사말은 요즘 우리 사회에서 널리 사용되고 있는 인사말이죠. 이는 곧 상대나 자신의 처지가 생계적 어려움을 벗어날 때 나누는 인사법인 것 같습니다.

"축하드립니다!"와 같은 기원형 인사말은 자신뿐만 아니라 남도 이롭게 하는 자리이타自利利他형 응대법이라 할 수 있습니다. 사촌이 땅을 사도 진정으로 축하해 주는 문화가 정착되었을 때, 우리 사회 곳곳에 남을 격려하고 배려하며 정감이 오가는 문화가 자리 잡을 겁니다.

그런데 일상에서 사용하는 언어 속에는 영靈적인 기운氣運이 서려 있는 것 같습니다. 이 때문에 일부로든 무심코든 평소 사용하는 언어가 우리의 미래를 바꿀 수도 있답니다. 우리가 생각하는 것들이 언어로 표출되고, 언어는 행동을 유발하며, 그 행동 하나하나가 습관을 형성하고, 그 습관들은 곧 자신의 운명이 되기 때문입니다.

저와 가까운 인척 중에는 자수성가형 부자가 있는데, 필자에게 이렇게 말했습니다.

"최 박사야 어렸을 때 집안에서 정미소를 해서 부유하게 살았지만, 난 늘 배고픔에 허덕였지. 그래서 나는 잠들기 전 잠자리에 편안하게 누워 부유해진 모습을 꿈꿔왔다네."

'나도 언젠가 부자가 될 수 있다'는 긍정적인 생각이 긍정적인 언어를 만들고, 그 언어가 행동을 일으키며, 그 행동들이 부자의 습관을 형성하고, 결국 재물운이 좋아지게 된 것입니다. 그래서 그는 지금 강남에 위치한 병원건물과 70여 평의 주택, 경기도 북부에 있는 2천여 평의 토지를 소유하게 되었답니다. 어렸을 때부터 늘 염원하고 꿈으로 그려왔던 것을 실현한 것이죠.

지금 우리의 뇌리에서 꿈틀거리는 생각의 편린들이 곧 나의 미래를 만드는 퍼즐이 됩니다. 우리가 일상에서 말하고 행동하는 것들이 곧 미래를 좌우하는데, 이러한 사실이 과학적으로 입증되고 있는 게 현실입니다. 그래서 옛 성현들은 늘 "말이 씨가 된다"고 했답니다.

우리의 뇌는 크게 대뇌, 뇌간, 소뇌로 구성되어 있습니다. 우리가 일상에서 의도적으로 활용하는 대뇌는 전두엽·측두엽·후두엽·두정엽으로 구성되어 있는데, 인간의 오욕칠정五慾七情과 같은 감정의 변화를 감지하고 판단합니다. 뇌간은 대뇌에서 감지하는 이러한 감정을 시시비비의 판단 없이 그대로 반영하게 됩니다. 따라서 일상에서 우리가 생각하거나 말한 내용은 그대로 뇌간에 영향을 주는 것이죠.

이러한 마음과 인체의 상호작용을 간파한 선지자들은 늘 "긍정적인 생각, 고운 말씨" 등을 강조하였던 겁니다. 지금의 생각들과 무심코 내던진 말들이 내 몸에 반영되어 다가올 미래를 열어간다고 볼 수 있답니다. '꿈'이란 '꾸미다'의 약칭이라 할 수 있는데, 자신의 생각에 의지를 반영하여 날마다 꾸며가다 보면 반드시 이루어지게 되어 있습니다. 꿈을 이루는 데 주도적인 역할을 하는 것이 바로 마음이죠.

우리가 생각을 언어로 표현하게 되면 수십조 개의 세포로 구성되어 있는 몸은 파장의 작용으로 인하여 공명共鳴을 일으키게 되는데, 곧바로 각 세포의 기억장치에 입력되어 새로운 작용을 이끌어내게 된답니다. 따라서 항상 긍정적인 생각으로 좋은 정보를 입력하게 되면 내 몸도 동시에 변화하게 되며, 계속해서 보다 나은 쪽으로 진화하게 됩니다.

우리가 일상에서 무심코 내뱉는 "아이, 재수 없어!, 기분 나빠!, 죽고 싶어!, 죽어버릴 거야!" 등의 부정적인 말보다는 "사랑해!, 고마워!, 넌 참 착한 아이야!, 난 꼭 이루고 말 거야!" 등의 긍정적이면서 발전적인 말들을 자주 해야 합니다. 이러한 말들이 곧 희망찬 내일을 만들어주는 동력이 되는 것이죠. 물질적인 변화를 일으키는 이면에 마음이 일으키는 파장이 있다는 것을 항상 염두에 두어야 한답니다.

그래서 요즘 새롭게 각광받는 것이 '심신상관의학心身相關醫學'입니다. 각종 질병의 원인을 마음으로 보고, 지속적으로 긍정적인 마음의 작용을 일으키는 것입니다. 이러한 의학은 암환자를 치료하는 데 있어 놀라운 효과를 거두고 있습니다. 방사선치료나 항암치료보다도 강력한 효과를 유발시키고 있습니다.

# 사는 곳의 꼴값을 높여야
# 재물이 따른다

필자는 중국의 여러 가정을 방문한 적이 있는데, 중국인들은 집에 관운장의 그림을 많이 걸어놓습니다. 그들은 관운장의 그림에는 재물운이 좋아지게 하는 에너지가 있다고 생각하는데, 이는 결코 허무맹랑한 생각이 아닙니다. 옛사람들은 생각만으로도 자신의 운을 키울 수 있다고 생각했는데, 어떤 사물을 좋은 생각과 바람을 갖고 대한다면 집안 곳곳에 좋은 에너지가 퍼지고 정말로 행운이 생길 수 있습니다.

모든 만물에는 그 나름의 고유한 에너지 장場인 꼴값이 있게 마련입니다. 요즘이야 천편일률적인 아파트 일색이다 보니 그 에너지 장도 너무나 획일적인 것 같습니다. 또한 건축물의 골재로 나무가 아닌 철재를 쓰다 보니 에너지 장의 주요 구성요소인 자기장磁氣場이 교란과 쏠림현상을 일으키게 된답니다.

한중일의 주거공간을 살펴보면 뚜렷한 차이가 있습니다. 먼저 중국의 경우를 살펴보면, 필요 이상으로 방대하고 자연까지도 압도하려 듭니다. 그래서 인공적으로 산이나 거대한 호수를 조성하는 데 어마어마한 재원과 인력을 동원하여 백성들의 원망을 사기도 했습니다. 오만방자하게 꼴값을 떤다고 할 수 있겠죠.

축소지향주의를 추구하는 일본의 경우를 살펴보면, 중국과는 정반대로 너무 소극적입니다. 일본인들은 집 안에 산과 호수, 계곡과 나무 등 자연을 인위적으로 축소하여 정원 또는 분재를 꾸밉니다. 작은 것이 아름답다지만 생명을 억압하는 분재식 문화로는 대자연의 아름다움을 가슴으로 받아들일 수 없는 것 같습니다.

두 나라와는 달리 우리 건축문화는 자연스러움을 추구합니다. 그 대표적인 것이 자연 그대로 그 꼴값에 맞게 정자를 지어 원림에 녹아든 것이죠. 사는 공간 또한 지붕은 초가를 이고, 흙과 자연 그대로의 나무를 이용하여 토대를 올렸습니다. 가능한 한 대자연의 에너지인 자기장이 교란되지 않도록 하기 위하여 쇠붙이를 사용하지 않았죠. 이는 곧 자연의 기운을 그대로 받아들인 것입니다.

우리가 사는 공간은 그 나름의 에너지 값인 꼴값을 떠는데, 가능한 한 인위성을 배제하고 자연스러움을 취하는 것이 바람직합니다. 도심 속의 아파트에 살지라도 가능하다면 원목을 그대로 살려 만든 가구를 집 안 곳곳에 배치하거나 천천히 자라는 나무나 화초를 들여놓는 것도 한 방편일 수 있습니다. 살아 있는 생기生氣를 나무나 화초에서 취하고, 그네들과 더불어 살면서 대자연의 생기와 잔잔한 음악이 조화를 이루는 음률이 집 안 가득 퍼지게 한다면 좋은 기운이 가득할 것입니다. 모든 사물은 꼴값을 떨긴 하는데, 조화로운 음률이 더해지면 화기和氣롭게 화합을 하기 때문이죠.

필자는 집에서 하루 종일 들릴락 말락 작은 소리로 음악을 틀어놓습니다. 이 음악이 집 안 곳곳에서 자라고 있는 나무와 화초의 생기와 만나면 조화로운 음률이 되고, 그 음률이 집 안 전체에 부유하게 된답니다. 그래서인지 우리 집에 온 사람들 대부분은 너무 편하고 좋다고 합니다. 앉아 있다 보면 졸음이 저절로 온다고 말합니다. 우리 집의 화초들 대부분은 스트레스를 받지 않아서인지 꽃을 피우지도 않죠.

그래서 필자의 집을 찾아온 손님들에게 이런 질문을 자주 받습니다.

"박사님, 저 꽃나무는 성성하게 잘 자라고 있는데, 왜 꽃을 피우지 않지요?"

그러면 대답하는 대신 이러한 질문을 건넵니다.

"그 옛날 궁궐 같은 대갓집에 사는 집안에는 왜 자손이 귀했을까요? 기찻길 옆 오막살이집에는 왜 자식들이 넘쳐나고, 그 옆에 심은 소나무에는 왜 솔방울이 다닥다닥 열릴까요?"

그러면 대부분은 그 답을 고대하며 필자를 바라본답니다. 지나친 스트레스는 생명 있는 모든 것들에게 과도한 종족보존본능을 일깨운답니다. 그 스트레스가 자기 대를 이을, 즉 꽃을 피우게 하여 벌과 나비를 불러들여 수정과 함께 열매를 맺게 하는 것이 대자연의 이치입니다. 하지만 지나침은 모자람만 못한 법이죠. 꽃과 열매가 넘쳐난다고 좋은 것은 아닙니다.

우리 인간 역시 알게 모르게 공간 에너지의 영향을 받는답니다. 대자연 속에서 오두막을 짓고 살 수는 없겠지만, 목재를 활용한 가구를 집 안 곳곳에 배치하거나 햇살이 잘 드는 창가에 화초나 키 작은 나무들을 심어 생기 넘치는 집을 만들어보세요.

그런데 집 안 곳곳에 목재로 된 가구를 적절히 배치했는데도 운이 따르지 않는 경우가 있습니다. 그렇다면 책상이나 책장 등 가구들에 낡은 물건들이 보관되어 있는지 살펴봐야 합니다.

옛것이라고 해서 반드시 나쁜 것은 아니지만 풍수설에 의하면 낡고 오래된 물건은 생기를 빼앗기 때문에 운을 떨어뜨리게 합니다. 또 기학氣學에서도 낡은 물건은 "운이 다했다"고 보고, 햇볕을 받지 못하는 오래된 물건은 "음기가 가득하다"고 본답니다. 서랍 속이 정리되어 있지 않으면 낡은 운이 정체되므로 불필요한 것은 정리하거나 버리는 것이 좋습니다. 여기서 말하는 '낡고 오래된' 물건이란 현재 사용하지 않는 것을 말한답니다. 서랍 속에 고이 모셔두고 가끔씩 관상용으로 바라보기만 하는 낡고 오래된 물건이라면 상자에 가지런히 정리해 창고에 보관하는 것이 바람직합니다.

여하튼 무엇이든 정체되어 있으면 부작용을 일으킵니다. 우리가 사용하는 물건들에는 그것을 사용하는 사람의 기운이 스며들게 마련입니다. 남녀가 음과 양의 서로 다른 기운을 일으켜 서로 상생해 나가듯이 물건과 사용자는 서로 알게 모르게 기운을 일으킵니다. 하지만 사용하지 않은 물건에는 기운이 정체될 수밖에 없으니 무용지물이 되고, 더 나아가 사용자의 건강과 재물운 등에 악영향을 미치게 됩니다.

# 황토가 돈복을 부른다

집이나 사무실의 기운이 좋아야 재물운도 열리게 됩니다. 모든 사물은 호환성을 지니기 때문에 좋은 기운이 있어야 끌어당기는 법이죠. 그래서 집은 물론 사무실 등에 황토 벽지나 곱게 반죽한 황토를 덧발라 공간의 분위기를 보다 좋은 쪽으로 바꾸는 사람들이 많습니다. 이는 좋은 현상입니다.

어느 날, 직원 수 30여 명 규모의 중소기업을 운영하는 S사장을 지인의 소개로 만난 적이 있었답니다. 여러 이야기를 나누다가 요즘 경기도 그렇고 회사사정이 너무 안 좋다며, 그가 대뜸 필자에게 질문했습니다.

"최 박사님은 기학의 전문가시니까 해결점을 찾을 만한 실마리 같은 게 없을까요?"

예전에도 이와 유사한 질문들을 여러 번 받아왔던 터라 어렵지 않게 답을 줄 수 있었답니다. 앞서 말했듯이 요즘 도시의 현대 건축물 대부분은 기둥을 철골 구조로 뼈대를 삼고 있습니다. 그렇기 때문에 이 철골로 인해 지자기地磁氣가 건물 내부에서 교란될 뿐 아니라 약화되기도 한답니다. 또한 공간을 유주流注해야 할 자기입자가 일정치가 않아 그곳에 근무하는 사람들의 정서에도 좋지 않은 영향을 준답니다.

우리 인체의 두뇌는 쾌적한 환경이 아니면 오작동을 하게 마련이죠. 그래서 필자는 다음과 같은 사실을 이야기해 주었답니다.

"지구가 남극과 북극으로 형성된 커다란 자성체라는 것은 누구나 아는 사실입니다. 그런데 우리는 남극과 북극에 대해 잘못 이해하고 있습니다. 흔히 북극을 영문표기로 'North'라 하여 N극으로, 남극은 'South'라 하여 S극으로 알고 있는데, 실은 정반대입니다. 나침반 자침磁針의 N극과 S극이 북쪽과 남쪽을 향하고 있는 것은 지구의 북반구가 S극이기 때문에 자침의 N극이 북쪽을 향하는 것이죠. 따라서 지구의 남쪽은 실제로는 N극이며, 북쪽은 S극입니다."

"아, 그런가요? 미처 몰랐네요."

"지구에는 평균적으로 0.5가우스의 자력이 흐르고 있습니다. 지구뿐만 아니라 모든 우주 공간에는 보이지 않는 자기장이 형성되어 있답니다. 우리 인류뿐만 아니라 모든 사물은 이러한 공간자기와 각 개체 고유의 생체자기가 공명작용을 일으켜 생명력을 발휘하고 있습니다. 따라서 우리 인체는 자기력이 결핍되면 생명에 이상을 일으키게 되는데, 이것이 병을 일으키는 근본적인 원인이 되는 것이랍니다."

"그렇다면 어떻게 해야 할까요?"

"최근 황토가 건강에 좋다는 이유 때문에 다양한 형태로 이용되고 있

습니다. 이 또한 자기력과 밀접한 연관이 있죠. 자연적으로 형성된 황토
층에는 균일한 자기장이 잘 흐르게 된답니다. 황토에는 다른 토양에 비
해 자기력과 친화성을 갖은 철분이 다량 함유되어 있기 때문이죠. 그래
서 황토는 에너지를 증진시키거나 정화하는 데 사용되고 있답니다. 농
촌에서 논의 지력이 소모되어 농작물이 잘 자라지 않을 경우 인근 야산
에서 황토를 가져와 논에 골고루 뿌리는 것도 이러한 이유에서랍니다.
볍씨를 싹 틔우는 못자리의 종묘 상자에 황토를 사용하는 것도 마찬가
지죠."

필자는 계속 말을 이어갔습니다.

"이러한 황토는 식물에만 좋은 게 아니라 동물들에게도 생명력의 근
간인 자기력을 효율적으로 공급해 준답니다. 그래서 요즘 전국 곳곳에
서 황토방이 많은 사람들에게 애용되고 있는 것이죠. 장마철에 흙탕물
이 넘쳐흐르는 여울에 황토를 뿌리면 금세 물고기들이 모여드는데, 이
때를 노려 물고기를 잡는 것도 황토의 특성을 이용한 것이랍니다. 게다
가 황토는 정화淨化 능력도 뛰어나 바닷물이 적조赤潮를 띨 때, 바닷물
의 이상 현상을 바로 잡아 생태계의 혼란을 막아주기도 한답니다. 황토
를 석 자쯤 파 그곳에 고인 물을 우리 몸의 해독제로 활용하는 지장수地
漿水 역시 황토의 정화 능력을 활용하는 우리 민족 고유의 건강법이죠.
황토의 여러 가지 특성 중 정화 능력 및 원래 상태로의 복원 능력을 엿볼
수 있는 한 단면이랍니다."

예부터 건강한 심신이 밑바탕이 되지 않으면 건강은 물론 재물도 모
이지 않는다고 했습니다. 집안이 화목하고 활기찬 기운이 넘쳐야 재물

이 들어오는 법이죠. 그래서 옛날 사람들은 늘 집안을 정갈하게 하고 화기로운 기운이 흐르게 하기 위해 하루 중 신선한 기운이 넘치는 아침, 아니 가능하다면 새벽녘에 청소를 하였답니다. 요즘이라고 다를 게 있겠습니까!

황토는 집안이나 사무실 등에 좋은 기운이 흐르게 할 수 있습니다. 그래서 필자는 S사장에게 황토를 이용해 공간을 바꿀 것을 권했습니다. S사장은 사무실 공간을 황토와 목재를 이용하여 안락하고 쾌적한 분위기로 바꾸었답니다. 그 후 직원들의 사기진작은 물론 매출증가도 이룰 수 있게 되었다는 반가운 소식이 들려왔습니다.

# 사물의 쓰임을 알아야
# 재물운이 트인다

명예욕이든 재물욕이든 욕심을 부리자면 끝이 없는 것 같습니다. 과도한 욕심은 언제든 화를 부르게 마련이죠. 그래서 우리는 제3자의 시각에서 자신의 삶을 객관적으로 바라볼 필요가 있답니다. 자신이 과도한 욕심에 사로잡혀 있지 않은지 헤아려야 합니다. 그래야 진정한 부자가 될 수 있을 겁니다.

『장자』 제1편 「소요유」에 나온 다음과 같은 내용을 참조해도 좋을 듯합니다.

양나라 재상을 지낸 혜자<sub>혜시</sub>가 장자에게 말했습니다.

"위나라 왕이 나에게 아주 큰 박씨를 보내주었다네. 내가 그 씨앗을 심어 다 자라더니만 열린 박의 크기가 곡식 다섯 섬은 넉넉히 들어갈 만큼 컸지. 그런데 마실 물을 가득 담았더니, 박 외피의 단단함 정도로는 무게를 견디지 못하고 깨질까 봐 차마 들어올릴 수가 없더군. 그래서 반으로 쪼개 바가지를 만들었더니 겉보기에 크기만 했지 쓸모가 없더라고. 텅 비어 크기만 했지 별 쓸모가 없어 때려 부숴버렸다네."

이를 듣고는 장자가 말했습니다.

"자네는 정말 큰 물건을 쓸 줄 모르는군. 들어보게나. 그 옛날 송나라 사람 중에 손을 트지 않게 하는 약을 잘 만드는 이가 있었다네. 그 집안은 대대로 묵은 솜을 물에 빠는 일로 가업을 잇고 있었지. 어떤 나그네가 소문을 듣고는 이 약의 제조방법을 금화 백 냥에 사겠다고 했다네. 그러자 그는 가족을 모아놓고 '우리 집안 대대로 묵은 솜 빠는 일을 해왔지만 그 수입이란 게 금 몇 냥에 지나지 않았다. 이제 이 약의 제조기술을 팔면 하루아침에 금화 백 냥을 손에 쥘 수 있다. 그러니 팔아 버리자!'고 설득했다네. 그 나그네는 약의 제조방법을 얻고 난 후 오나라 왕을 찾아가서는 이 약의 효용에 대해 설명했지. 때마침 월나라가 난을 일으켜 쳐들어오자 오나라 왕은 그를 장수로 임명하였지. 때가 겨울인지라 그와 병사들은 그 약을 바르고 월나라와 수상전을 펼쳐 크게 이겼다네. 그러자 오나라 왕은 그에게 봉지를 내리고 벼슬을 주었지.

손이 트지 않게 하는 방법은 한 가지인데 어떤 사람은 그것으로써 벼슬과 봉지를 받고, 어떤 이는 외려 평생 솜 빠는 일에서 벗어날 수 없었네. 바로 그 약을 쓰는 방법이 달랐기 때문이지. 자네는 다섯 섬들이 박으로 큰 술통 모양의 배를 만들어 강이나 호수에 띄워 즐길 생각은 하지 않고 크기만 했지 쓸모가 없다고 걱정하지 않았는가? 자네 마음 씀씀이가 꽉 막힌 벽창호라는 거야!"

똑같은 사물이라도 어떻게 활용하느냐에 따라 그 가치가 달라지게 마련입니다. 사물을 잘 활용하기 위해서는 그것의 쓰임을 객관적으로 헤아리는 안목을 갖춰야 합니다. 하지만 그러기가 말처럼 쉽겠습니까? 우리 대부분은 눈앞의 이익에 사로잡혀 사물의 쓰임을 객관적으로 헤아리지 못합니다.

사물을 잘 활용하기 위해서는 평정심을 유지해야 할 것 같습니다. 그래서 요즘 유행하는 덕담은 "마음을 비워라"입니다. 마음을 비우면 심신이 한결 편안하다는 것을 누구나 알고 있지만, 정작 비우려 하면 더 많은 잡생각들이 머릿속을 헤집고 다닐 겁니다. 답은 알고 있는데 그 해법을 모르고 있는 것이죠.

마음을 비우는 것은 어려울 것 같지만 의외로 간단하고 쉽답니다. 해법은 자신을 되돌아보는 반성反省에 있는 것이죠. 심신을 차분히 가라앉히면 호흡 또한 가지런해지는데, 이때 자신이 취할 수 있는 가장 편안한 자세를 취하고서 그 순간으로부터 가장 가까운 시간부터 나와 다른 대상과의 관계, 갈등, 오해, 즐거움, 이해, 노여움 등 오욕칠정五慾七情이라는 관계 속에서 빚어진 사실들을 하나하나 직시해 나가는 겁니다. 작은 사실이라도 놓치지 않고 주도면밀하게 되돌아보려는 마음자세를 견지하여야 합니다.

많은 시간이 소요될 것 같지만 의외로 아주 짧은 시간에도 하루 일과를 맑은 거울에 비춘 것처럼 명료하게 바라볼 수 있을 겁니다. 그렇게 바라보기를 하고 있으면 자신과 대상 간의 시시비비 또한 객관적인 관점에서 바라볼 수 있습니다. 물론 처음부터 잘되지는 않을 겁니다. 몸과 마음, 호흡이 조화를 이룬 상태에서야 반성이 잘 이루어지고, 의식계에 저장되어 있는 불순한 마음의 잔재가 점차적으로 비워질 겁니다.

일반적으로 슬픔이나 노여움 등으로 인한 마음의 갈등을 없애기 위해 다른 일에 몰두하려 하지만, 그렇게 한다고 의식계의 저변에 쌓여 있는 잔재들이 지워지지는 않습니다. 잠재되어 있던 것들이 잠시 떠오르지 않고 있을 뿐이죠.

마음을 비우는 것은 지난 사실을 완전히 망각하는 것이 아니라 심신의 갈등을 유발할 수 있는 기억들을 깨끗이 닦아 완전한 자기이해를 통해 차곡차곡 쌓아두는 것입니다. 깨끗이 정제되어 기억된 지난 사실들은 언제 꺼내보아도 심신 간에 괴리를 일으키지 않을 뿐만 아니라 잘 정리되어 있으니 하나도 남김없이 기억해낼 수 있답니다. 마음을 비우는 것은 지난 사실의 기억들을 완전히 지워버리는 것이 아니라 그 기억에 묻어 있는 사사로움을 명확한 인식을 바탕으로 닦아내는 것이죠.

이처럼 사사로움을 없애고 사물을 바라보면 그것의 쓰임을 바로 알게 됩니다. 똑같은 사물이라도 잘만 활용하면 더 큰 이윤을 남길 수 있을 겁니다. 그렇습니다. 재물운이 트이기 위해서는 자신이 하는 일 등과 관련된 사물을 잘 활용해야 합니다.

# 반복적으로 부자가 된 꿈을 꾸면
# 재물운이 따른다

하루 중에서 자신의 꿈을 보다 생생하게 그려볼 수 있는 시간은 일과를 마치고 잠자리에 들기 전일 것입니다. 한낮에는 대인관계와 업무에 휩쓸리다 보면 미래의 꿈을 자세히 설계하기가 쉽지 않기 때문이죠. 성공한 사람들의 대부분은 잠자리에 들기 전에 자신의 꿈을 반복적으로 세세하게 설계한 경우가 많습니다.

우리는 꿈속에서 다양한 이야기를 만들어내는데요. 서양의 정신분석학자 프로이트는 우리가 평소에 생각하던 것들이 꿈의 소재가 된다고 했습니다. 그러면서 우리가 꿈을 꾸는 이유는 크게 두 가지 때문이라고 했습니다. 하나는 일상에서 받은 스트레스를 없애기 위해서이고, 다른 하나는 무언가를 이루기 위해서입니다. 인간은 꿈을 꾸며 안 좋은 기억을 지우려 하거나 원하는 것을 이루려 하는 것입니다. 그렇습니다. 우리가 평소에 무언가를 이루려는 꿈을 반복적으로 꾸면 꿈속에서도 원하는 것을 이루려는 꿈을 자주 꾸게 되는데, 이러한 꿈을 반복적으로 꾸게 되면 현실로 나타날 수 있습니다.

재물운과 관련된 꿈도 마찬가지입니다. 재물운과 관련된 꿈은 작게는 갖고 싶은 물건을 갖는 것이고, 크게는 집이나 건물 등을 갖는 것입니다. 이러한 것들은 무언가를 갖고 싶거나 이루고 싶다는 꿈을 꾸지 않으면 생기는 경우가 드뭅니다. 기학氣學에 의하면 반복적으로 꿈을 꾸다 보면 의식적이든 무의식적이든 우리가 사는 공간에 파동을 일으켜 해당 사물에 공진共振을 일으키게 됩니다. 즉 꿈을 이룰 수 있게 되는 것이죠.

어느 날 필자에게 50대 주부가 찾아왔습니다.

"저희 집은 도무지 재물운이 없는 것 같아요. 부모복은 좀 있어서 결혼할 때 서울 아파트 한 채를 증여받았고, 부모님이 돌아가신 뒤에는 시골에 있는 땅도 상속받았죠. 하지만 이렇게 돈이 들어오면 희한하게도 돈 쓸 일이 생기더군요. 식구 중에 누군가 아프거나 멀쩡하던 가전제품이 망가지거나 남편이 하는 사업이 어려워지는 거예요. 답답한 마음에 유명한 역술원에 찾아가 점도 보고 이름을 바꾸기도 했는데, 아무런 소용없었죠. 선생님, 어떻게 해야 할까요?"

필자는 그분에게 태어난 연年·월月·일日·시時를 말해 달라고 했습니다. 사주팔자, 사람이 태어난 연年·월月·일日·시時의 네 간지干支와 그와 관련된 여덟 글자八字를 살펴보았습니다. 그랬더니 그분 말대로 재물이 들어오면 빠져나가는 운명을 타고났더군요.

그리고 관상도 살폈습니다. 부모의 뒷바라지와 관련된 부모궁의 모양이 좋으니 부모에게 재물 등을 물려받는 것 같지만 재물운과 관련된 재백궁과 전택궁의 모양이 좋지 않았습니다. 하지만 앞서 말했듯이 마음이 바뀌면 운도 바뀝니다. 사주팔자를 잘못 타고났거나 관상이 나쁘다고 해서 절망할 필요는 없습니다.

"뭘 해도 안 되는 사람들에게는 공통점이 하나 있는데요. '나는 왜 운이 나쁠까' 하고 항상 신세한탄을 합니다. 이렇게 부정적으로 생각하면 실제로 안 좋은 일이 생기게 되고, 반대로 긍정적으로 생각하면 좋은 일이 생기게 됩니다. 마음이 바뀌어야 운도 바뀔 수 있기 때문이죠. 지난 일들은 모두 잊으시고 앞으로는 윤택하게 사는 모습을 꿈꿔 보세요. 그러다 보면 꿈속에서도 그런 모습이 보일 것이고, 실제로 꿈이 이루어질 수 있을 겁니다. 잠자리에 들기 전에 관상을 바꿀 수 있는 입면의식을 알려드릴 테니 날마다 실천해 보세요."

세계 10대 부호 중의 한 사람인 리자청李嘉誠이 성공가도를 달릴 수 있었던 것은 바로 잠자리에서 가졌던 자신만의 입면의식이 있었기 때문입니다. 그는 아버지가 일찍 돌아가시자 가세가 기울어 13세에 학업을 포기하고 생활전선에 뛰어들었죠. 어린 나이였지만 온갖 궂은일을 하였고 잠자리에 들었을 때에야 자기만의 시간을 갖고 꿈을 그려갔답니다.

그는 잠자리에 들기 전에 최고의 부자가 된 모습을 상상하였고, 동양 최대의 부호가 된 이후에도 잠자리에 들기 전에 명상을 취했습니다. 아침에 일어나면서부터 잠자리에 들 때까지 구체적이고도 세세하게 하루 일과를 성공적으로 수행하는 자신의 모습을 그렸고, 돈을 버는 데만 열을 올리는 수전노가 아니라 주위 사람과 부를 나누는 큰 부자가 되기를 바랐습니다. 이러한 꿈을 날마다 꾸었는데, 실제로 꿈이 이루어지게 되었답니다.

그는 30조 원의 자산을 보유한 부호가 된 이후에도 근검절약과 기부를 행하고 있습니다. 지금도 5만 원 이하의 구두와 10만 원 이하의 양복을 입고, 비행기는 꼭 이코노미석을 타는데, 그렇게 절약한 돈으로 아시아에서 가장 기부를 많이 한다고 합니다. 그것도 회사 명의가 아닌 본인의 재산을 기부하는데, 매년 장학금으로만 3천억 원 정도를 기부하고 있습니다.

리자청은 오랜 경험을 통해 부자가 되기 위해서는 동업 또는 사람을 사귈 때 신중해야 한다고 말하며, 육불합칠불교六不合七不交를 주장했습니다. 이는 여섯 종류의 사람과 동업하지 말고, 일곱 종류의 사람과 사귀지 말라는 내용입니다. 이에 대해 간단히 살펴보겠습니다.

**육불합**六不合
1. 개인적 욕심이 너무 강한 사람과는 동업하지 말라.
2. 사명감이 없는 사람과는 동업하지 말라.
3. 인간미가 없는 사람과는 동업하지 말라. 그런 사람과는 함께 있어도 즐겁지 않다.
4. 부정적으로 생각하는 사람과는 동업하지 말라. 그런 사람은 당신의 긍정적인 에너지, 즉 긍정의 힘을 소모시킨다.
5. 인생의 원칙이 없는 사람과 동업하지 말라. 그런 사람은 이익만 취

하려 한다. 그는 손해 보는 일은 절대로 하지 않는다.

6. 감사할 줄 모르는 사람과 동업하지 말라. 은혜를 모르는 사람은 반드시 배신한다.


## 칠불교七不交

1. 불효하는 사람과 사귀지 마라.

2. 사람에게 각박하게 구는 사람과 사귀지 마라.

3. 시시콜콜 따지는 사람과 사귀지 마라.

4. 받기만 하고 주지 않는 사람과 사귀지 마라.

5. 아부를 잘하는 사람과 사귀지 마라.

6. 권력자 앞에서 원칙 없이 행동하는 사람과 사귀지 마라.

7. 동정심이 없는 사람과 사귀지 마라.

# 제3부

## 학업운이 풀리는
## 운명독법

# 동양고전에서 찾은 학업운

인간은 늘 새로운 것을 갈구합니다. 하지만 태양 아래 새로운 것이 있을까요? 우리 주변을 휘둘러보면 하루에도 헤아릴 수 없을 만큼 많은 신상품들이 창조되고 있습니다. 그러나 이것들이 정말로 하늘에서 뚝 떨어진 것처럼 새로운 것일까요? 세상 모든 신제품들은 이제까지 축적된 문명과 문화를 바탕으로 탄생한 것입니다.

문명과 문화는 유한한 삶을 사는 인간의 입장에서 보자면 늘 새롭게 변화를 거듭하고 있는 것처럼 보입니다. 인간의 문명이 물질적인 것이라 한다면 문화는 정신적인 것이죠. 이러한 사실은 '법고창신法古創新'과 '온고지신溫故知新'을 통해 알 수 있습니다. 이 두 사자성어를 명확히 구분할 수 있는 글자는 세 번째에 놓인 '창創'과 '지知'입니다. 즉 '창創'은 '창고곳집 창:倉에 저장하였던 물건들을 칼칼도:刀＝刂로 다듬고 잘라내 새로운 상품을 만들어내는 것'을 의미하며, '지知'는 '과녁口을 향해

쏜 화살화살 시:矢을 놓치지 않고 바라보아 그 날아간 궤적을 알아챈다'
는 뜻이 담겨 있습니다.

다시 말해 창創은 문명의 이기利器를 새롭게 창출하는 것이고, 지知
는 인류의 역사와 문화를 살피고 이어나가는 것이죠. 그러니 새로운 상
품을 만들어내는 기업이라면 '법고창신'을 표어로 내걸어야 하고, 인문
학을 비롯해 학문을 연구하는 연구소라면 '온고지신'을 추구해야 하지
않을까 싶습니다.

그런데 오늘날 우리는 출세하기 위해 공부하려 합니다. 어려서부터
좋은 학교와 직장에 가기 위해 공부하는 것입니다. 하지만 '학업學業'은
'공부하여 학문을 닦는 일'입니다. 학업을 이어나가는 사람은 온고지신
을 추구해야 합니다.

우리는 이미 학교에서 2,500여 년 전에 공자가 『논어』 「위정편」에서
말한 "옛것을 익혀 새것을 알면 스승이 될 수 있다"라는 가르침을 숱하
게 들어왔습니다. 이러한 가르침을 가슴에 새기고 학문에 임해야 하지
않을까요?

그렇다면 학업운이 풀리기 위해서는 어떻게 해야 할까요?

배움의 길에는 끝이 없습니다. 배운다는 건 나날이 새롭게 한다는 겁
니다. 그래서 탕왕은 매일 아침 마주하는 세숫대야에 "진실로 새롭게
하려거든 나날이 새롭게 하고, 또 날로 새롭게 해야 한다"고 다짐했습
니다. 매일 아침 이렇게 다짐한다면 배움의 길이 열리지 않을 수 없을
겁니다.

큰 학문의 길을 제시한 『대학大學』에서는 "큰사람이 되기 위한 배움

의 길은 밝은 덕 明德을 밝히는 데 있으며, 백성들을 화목하게 하는 데 있고, 지극히 순수함 至善에 다다라 머무는 데 있다"고 하였습니다.

이처럼 배움의 길을 생각하고 실천한다면 학업운이 트일 수 있습니다.

# 12궁을 알면 학업운이 보인다

　학업운은 자신의 예지력과 관련된 명궁命宮과 부모의 뒷바라지와 관련된 부모궁父母宮을 통해 알 수 있습니다. 『마의상법』에서는 "명궁이 거울과 같이 빛나고 맑으면 학문에 통달할 수 있다"고 보았죠. 또한 『상리형진』에서도 "인당양쪽 눈썹 사이 부위가 광명이 나고 거울과 같이 맑으면 학문에 통달한 선비가 될 수 있다"고 보았답니다.

　부모궁에 대해 『마의상법』에서는 "부모궁의 기색이 청색을 띠면 부모에게 우환이 닥치거나 구설수에 오를 수 있습니다. 이곳이 검거나 희면 부모가 모두 사망할 수 있으며, 홍색이나 황색을 띠면 부모에게 기쁜 경사가 있을 것"이라고 하였답니다. 또한 『상리형진』에서는 "이마의 평상 부위에 눈썹이 끊겨 있고, 눈썹을 뽑아낸 것처럼 빈약해 보이면 부모와의 인연이 얇음을 알 수 있습니다. 입부리가 뾰족하고 털이 밑으로 낮게 나 있으면 부모를 일찍 여의게 됩니다"라고 하였답니다. 부모의 우

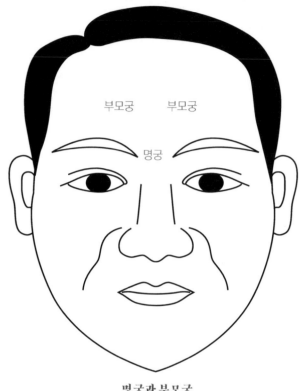

**명궁과 부모궁**

환은 곧 당사자에게 영향을 미치기 때문에 학업에도 좋지 않은 영향을 미칠 수 있습니다. 예나 지금이나 부모의 든든한 지원이 있어야 학업에 열중할 수 있는 것 같습니다. 우리 주변을 보더라도 "개천에서 용 난다"는 말이 실제로 이루어지기가 쉽지 않기 때문입니다.

부모궁은 얼굴의 왼쪽과 오른쪽 두 부위에 있는데, 왼쪽을 일각日角이라 부르며, 오른쪽을 월각月角이라고 부릅니다. 우음좌양右陰左陽에 따라 얼굴 왼편이 양의 기운을 띤 일각이 되고, 얼굴 오른편이 음의 기운을 띤 월각이 되는 것입니다.『상리형진』에서는 "만약 왼편 일각이 편벽치우치다되면 아버지에게 해로움이 미치고, 오른편 월각이 너무 한쪽으로 치우치면 어머니에게 해롭습니다. 그래서 콧대가 오른쪽으로 치우치면 어머니에게 해롭고, 왼쪽으로 치우치면 아버지에게 해롭습니다"라고 하였습니다.

일각과 월각이 높고 윤택하면 부모궁이 좋다고 할 수 있습니다. 또 양쪽의 균형이 잘 맞아야 부모복이 있으니, 학업운도 좋다고 볼 수 있습니다. 또 일각과 월각은 어느 한쪽이 지나치게 높거나 낮지 않는 것이 좋습니다.

한편, 학업운을 알아보기 위해서는 이마와 눈도 살펴봐야 합니다. 제목이마 제題, 눈 목目이라는 단어에서도 알 수 있듯이, 이마와 눈을 통해 그 사람의 됨됨이를 한눈에 파악할 수 있습니다. 이는 곧 제목만 보더라도 그 글의 전체적인 것을 알 수 있듯이, 관상에서도 이마와 눈은 그 사람의 총명함의 정도를 알아낼 수 있는 부위인 것이죠.

끝으로 학업운은 학습자 자신의 의지가 무엇보다 중요합니다. 아무리 좋은 운과 환경을 만났다 하더라도 스스로 공부하려 하지 않는다면 소기의 성과를 얻기가 어렵습니다. 마찬가지로 얼굴에 나타난 학업운이 좋지 않더라도 학업에 대한 열정이 크다면 관상이 바뀌고 좋은 성과를 거둘 수도 있습니다.

# 심상이 바뀌면 관상도 바뀐다

'관상'이란 영화가 세간의 화제가 된 적이 있었습니다. 관상이란 얼굴 생김새를 통해 사람의 운명을 예측하는 것인데요. 이를테면 얼굴값, 즉 꼴값에 따라 운명을 예측하는 것이랍니다. 형체를 띤 모든 것은 '꼴'을 갖추는데, 모든 꼴은 그 에너지 값인 '꼴값'을 갖게 마련입니다. 꼴값을 분석하는 것이 바로 관상이라고 할 수 있죠. 꼴값에 따라 혈색이 달라지고 형체 또한 변화를 일으킵니다. 그래서 기氣의학이라 할 수 있는 동양의학에서는 환자 상태를 알아보는 방법으로 몸의 생김새를 살피고 피부 색깔을 보는 관형찰색觀形察色을 우선시했답니다.

기학氣學을 전공한 필자는 기의학적 측면에서 관상을 살펴보고자 합니다. 우리 몸과 마음은 상호작용을 통해 영향을 주고받는데, 몸은 마음의 영향을 그대로 받기 때문이죠. 이를 동양학에서는 심기혈정心氣血精의 원리로 파악한답니다. 다시 말해 마음心 상태에 따라 그에 상응하게 몸을 유동하는 기氣가 일어서고, 뒤따라 물질적 에너지원을 공급하는 혈액血순환이 이뤄져, 세포 구성요소인 정精 또한 영향을 받는다는 겁니다. 그래서 마음의 희로애락에 따라 파동 형태의 기를 뒤따르는 것들 역시 그 행보를 함께하며 형체 변화를 일으키게 됩니다.

관상에서는 형체를 이루는 근원인 마음을 중시합니다. 그래서 "사주 팔자보다 관상이고, 관상보다 심상을 보는 게 낫다"고 하는 것이죠. 늘 마음이 여유롭고 선한 사람, 혹은 항상 사특하게 흉심을 품은 사람의 얼굴은 누구나 금방 알아차릴 수 있습니다. 왜냐하면 우리의 정신인 '얼'이 담긴 '굴'이 바로 '얼굴'이기 때문이죠.

그렇기에 "나이 40이 넘으면 자기 얼굴에 책임을 져야 한다"고 했답니다. 우리가 일상에서 갖는 마음이 그대로 얼굴에 반영되기 때문이죠.

관상은 마음먹기에 따라 바뀔 수도 있습니다. 지금 얼굴에 나타난 학업운 등이 나쁘더라도 마음먹기에 따라 운이 바뀔 수 있기 때문입니다. 그러니 운을 바꾸고 싶다면 마음가짐부터 바꾸시기 바랍니다. 특히 아침에 일어나면 학업운을 나타내는 명궁을 바라보면서 밝아지고 윤기 흐르는 모습을 상상하는 것만으로도 머리가 맑아지고 밝아지는 걸 느낄 수 있을 겁니다.

## 이마와 눈이 관상에서 가장 중요

그렇다면 어떤 관상이 좋을까요? 무엇보다 이목구비가 전체적으로 조화를 이루고, 혈색이 좋아야 합니다. 특정부위가 좋다고 해도 전체적으로 조화롭지 못하면 당사자에겐 오히려 해로울 수 있답니다. 특히 혈색이 칙칙하면 해당부위의 오장육부 역시 건강하지 못해 마음의 화평을 기대할 수 없습니다.

관상을 볼 때는 어느 곳을 가장 먼저 봐야 할까요? 결론을 말하자면 이마와 눈이랍니다. 글의 경우 가장 먼저 눈에 띄면서도 한눈에 글의 성격을 알 수 있는 것이 제목입니다. 사람 얼굴로 치면 이마題와 눈目이 제목입니다. 그래서 흔히 "관상에선 이마와 눈이 8할을 차지한다"고 합니다. 제목만 봐도 전체 글의 내용을 유추할 수 있듯이 이마와 눈만 봐도 그 사람의 현 상태를 유추할 수 있기 때문이죠.

이마는 그 사람의 간판이나 다름없습니다. 넓으면서 흉터나 주름이 없는 게 좋답니다. 혈색은 화색이 돌면서 밝고 윤택한 붉은 기운이 흐르는 홍윤색紅潤色이면 좋습니다. 오장육부는 물론 전체적으로 몸기능이 조화롭지 못하면 이런 혈색을 갖기 어렵답니다.

## 간 건강을 알려면 눈을 살펴야

돌출된 뇌腦라고 부르는 눈은 우리 몸의 상태를 알려주는 '마음의 창'이기도 합니다. 물론 눈의 각 부위에 따라 오장의 기능이 할애되지만 전체적으로는 간장과 밀접한 연관을 맺고 있습니다. 눈 흰자위에 누렇게 황달이 생기거나 조금만 무리해도 눈곱이 끼는 것은 간이 힘들다는 뜻이랍니다. 눈이 갑자기 침침하고 시리거나 뻑뻑해도 그렇죠. 관상에선 눈동자와 흰자위가 맑고 그윽하게 빛나면 총기가 살아 있는 좋은 눈으로 본답니다. 또 흰자위보다 검은자위가 약간 큰 것이 좋습니다. 또한 태어나면서부터 쌍꺼풀이 있으면 인종적으로는 후덕한 남방계, 없으면 강인한 북방계랍니다.

## 재물운을 알려면 코를 살펴야

관상에서 코는 재화의 들고 남을 뜻한답니다. 콧구멍과 콧방울이 둥글고 원만하면 좋고, 다른 부위에 비해 유난히 크면 오히려 좋지 않습니다. 코뼈는 굵고 반듯하게 아래로 뻗은 것이 좋으며, 콧방울이 둥근 주머니처럼 풍성하게 매달려 있으면 재물운이 좋다고 봅니다. 그러나 정면에서 볼 때 콧구멍이 보이면 씀씀이가 헤픈 것으로 판단하기도 하죠.

요즘 인체의 오묘한 조합기능을 무시한 채 코를 높이는 등의 성형수술이 유행하는데, 잘되면 괜찮겠지만 잘못하면 재물운을 망칠 수도 있습니다. 콧구멍을 통해 들어온 공기는 비갑개鼻甲介라는 '자동난방기와 가습기'를 통해 우리 체온에 가까운 온도로 데워져 허파로 유입됩니다. 그래서 더운 지방에 사는 민족의 코 모양은 굳이 공기의 온도를 높이는 형태를 갖추지 않아도 되므로 들창코에 가깝고, 추운 지방에 사는 민족은 차가운 공기를 순식간에 따뜻하게 데워야 하므로 코 내부 공간을 좀 더 많이 확보하려고 콧대가 자연적으로 높아진 것이랍니다.

## 사람의 됨됨이를 살피려면 입과 입술을 살펴야

입의 크기에 따라 사람의 도량을 파악하기도 한답니다. 입술은 적당히 도톰한 게 좋고, 홍윤색을 띠면서 광택이 나면 더 좋습니다. 입과 입술은 현재의 몸 상태를 반영하기도 합니다. 입과 입술이 바짝바짝 타들어갈 듯이 마르면 위에 열이 있거나 지나치게 생각이 많다는 뜻이죠. 구각입꼬리이 헐거나 물집 같은 것이 자주 생긴다면 어떤 결정에 앞서 우유부단한 경우가 많답니다. 일반적으로 입이 크고 위아래 입술이 적당히 도톰하면서 탄력이 있고 혈색이 좋으면 건강하다는 증거이고, 마음씀씀이도 바르고 넓다고 봅니다. 입이 비뚤어졌다는 것은 비위기능뿐 아니라 신장계통 기관들도 좋지 않다는 뜻이며, 성격 또한 비뚤어지기 쉽다는 겁니다.

### 똑똑한지를 알려면 귀를 살펴야

귀는 청각기능과 더불어 평형감각을 담당하며 뇌의 상태를 외적으로 나타내기도 합니다. 그래서 관상학에서는 귀가 두껍고 크면서 활기가 느껴지면 총명하다고 봅니다. 귀의 모양뿐 아니라 혈색도 중요한 정보를 알려주는데, 귀가 거무스름하면서 윤기가 없으면 신장에 중대한 이상이 있음을 암시한다고 봅니다. 또 백색을 띠면서 활기가 없으면 폐기능 저하를 나타내고, 검붉은 빛을 띠면 뇌혈압이 높은 상태임을 나타낸다고 보죠. 특히 귀는 선천적인 정기를 담고 있는 신장의 외부기관으로, 귀를 통해 선천적인 내력을 판단하기도 합니다.

### 사교성을 알려면 눈썹을 살펴야

눈썹은 교제관계나 친화력을 나타낸답니다. 눈썹이 작고 숱이 적으면 대인관계에 소홀한 경향이 있으며, 숱이 지나치게 많으면 주변에 사람이 많아도 복잡한 관계 탓에 불필요한 에너지를 쏟을 우려가 있습니다. 눈썹은 손발톱과 함께 그날그날의 건강여부를 살필 수 있는 부위이기도 합니다. 아침에 일어났을 때 눈썹이 가지런하지 않고 헝클어져 있다면 건강과 함께 인간관계에도 신경 써야 한답니다.

### 진취성을 알아보려면 광대뼈를 살펴야

광대뼈 부위가 잘 발달한 사람은 일 추진력이 좋고 사회생활 또한 활발하게 잘해나간다고 본답니다. 그래서 예전에는 광대뼈가 큰 여성을 가리켜 "성격이 드세서 집안 망하게 한다"고 했지만, 여성의 사회활동이 두드러진 요즘에는 남성 못지않게 각 분야에서 성공하는 사례가 늘어나고 있습니다.

### 종합적인 건강 상태를 알려면 손발톱을 살펴야

손발톱의 색깔이나 무늬, 모양으로도 건강여부를 판단할 수 있습니다. 윤택한 연홍색이라면 건강한 상태지만 너무 희면 빈혈, 너무 붉으면 혈압, 검푸른 색을 띠면 간과 신장 이상, 황색 무늬가 있으면 소화기 질환, 흰색 얼룩무늬가 있으면 신경쇠약을 의심해 볼 수 있답니다. 또한 손톱뿌리 부분에 있는 초승달 모양의 흰색 부위三日月의 크기에 따라 건강 정보를 얻을 수 있답니다.

# 사주팔자보다 마음이 중요하다

사람들은 좀 힘들거나 일이 안 풀리면 알게 모르게 팔자타령을 합니다. "내 팔자가 이러니 별수 있겠어!"라며 체념하는 것이죠. 그러면서도 혹시라도 팔자를 바꿀 수 있지 않을까 싶어 점집이나 역술원 등을 찾아갑니다. 바로 사주팔자를 알아보기 위해서이죠.

사주팔자는 사람이 태어난 연年·월月·일日·시時의 네 간지干支와 그와 관련된 여덟 글자八字를 말하는데, 사주팔자를 토대로 운명을 감정하는 것이 바로 사주명리학四柱命理學입니다.

사람이 어느 해, 어느 달, 어느 날, 어느 시에 태어났다는 것은 바꿀 수 없는 사실입니다. 생년월일시는 마치 주민등록번호처럼 한 번 부여되면 바꿀 수가 없습니다. 그러나 사주팔자는 인생의 향방을 결정하는 키워드가 아닙니다. 사주팔자를 통해 음陰과 양陽 그리고 오행木火土金水의 관계를 알 수 있을 뿐입니다. 사주팔자는 운명을 알기 위해서가 아니라 자신의 타고난 본질을 이해하기 위한 개인정보일 뿐입니다.

앞서 말했듯이 마음이 바뀌면 운도 바뀝니다. 사주팔자를 잘못 타고났다고 해서 절망할 필요는 없습니다. 일례로 같은 생년월일시에 태어난 쌍둥이의 경우에도 운이 다르답니다. 살아가는 환경과 관계를 맺는 주위 사람들에 따라 운이 달라질 수 있기 때문입니다. 실제로 삼성그룹 이건희 회장과 같은 사주팔자를 타고났지만 가난하게 사는 사람도 있습니다.

사주팔자가 하드웨어라면 마음은 소프트웨어입니다. 우리는 컴퓨터를 구매한 후 컴퓨터 운용 실력에 따라 하드웨어에 다양한 소프트웨어를 설치합니다. 하드웨어가 뛰어나더라도 그것을 활용하지 못하면 소용없습니다. 컴퓨터의 운영 실력은 얼마나 좋은 소프트웨어를 갖추느냐에 따라 좌우됩니다. 지속적으로 소프트웨어를 업데이트하고 그것을 잘 활용한다면 컴퓨터로 해낼 수 있는 일들이 많아지게 됩니다. 마찬가지로 사주팔자를 잘 타고났더라도 행동과 습관으로 옮기지 못한다면 소용없습니다.

우리는 공부머리가 중요하다고 하는데, 두뇌 능력은 학업성취도와 밀접한 연관이 있습니다. 우리의 두뇌는 하드웨어에 해당합니다. 우리는 더 나은 능력을 갖추려고 오랜 시간 다양한 정보를 입력하는데, 가정과 학교 등에서 교육받고 사회생활을 하면서도 수많은 정보를 입력합니다. 사실은 어머니 뱃속에서부터 태교를 받기 시작해 죽을 때까지, 그야말로 평생교육의 현장 속에서 살아간다고 할 수 있답니다.

두뇌는 다양한 정보를 입력했다가 지우기도 하고, 더 좋은 정보를 업데이트하는데, 두뇌에 어떤 정보를 입력하는지에 따라 학업운이 달라질 수 있습니다. 그런데 두뇌에 정보를 입력하는 과정에서 주도적인 역할을 하는 것이 마음입니다. 긍정적인 마음 상태 또는 부정적인 마음 상태에서 정보를 입력하는 것은 하늘과 땅만큼이나 그 차이가 큽니다.

우리 몸을 구성하는 유전자 정보지도인 DNA 분석 결과에 따르면 "인체의 유전자 정보는 침팬지와 98.7% 똑같다"고 합니다. 1.3%의 차이에 의해 인간은 만물의 영장이 되었고, 침팬지는 동물 중에서 조금 나은 인지능력을 갖춘 포유류의 한 종이 된 것입니다.

이러한 사실을 통해 사주와 두뇌 등의 하드웨어가 운을 바꾸는 근본 요인이 아니라는 것을 알 수 있죠. 운을 바꾸는 근본 요인은 수십여 개 조에 달하는 세포로 구성된 인체를 운용하는 소프트웨어, 즉 마음이랍니다. 마음을 어떻게 운용하느냐에 따라 좋은 소프트웨어가 수시로 업데이트될 수 있고, 학습능력도 발전하고 학업운도 트이게 될 것입니다.

우리 몸은 놀라운 속도로 변화를 거듭하고 있습니다. 하룻밤 사이에 수천억 개의 세포가 죽고 새롭게 생겨나기 때문이죠. 우리 몸은 5~6년이 지나면 현재 모습을 이루는 체계가 거의 바뀌게 된답니다. 일상에서의 마음가짐이 세포에 공명현상을 일으켜 그대로 반영되니, 마음먹기에 따라 관상도 바뀔 수 있는 것이죠.

일례로 여러 해 동안 필자를 찾아오는 40대 어머니와 10대 딸이 있었습니다. 몇 년 전에 그 어머니는 딸이 대학에 진학하기를 바랐습니다. 자신은 집안 형편이 어려워 중학교밖에 안 다녔다면서 딸만큼은 공부를 많이 시키고 싶다고 했습니다.

"하지만 우리 애는 대학에 안 가겠다고 하네요……."

필자는 그 아이의 관상을 살폈습니다. 부모궁을 보니 부모의 든든한 뒷바라지를 받을 상이었지만 명궁에서는 학업운을 찾아볼 수 없었습니다. 하지만 그게 대수겠습니까.

"공부든 일이든 무엇이든 스스로 하고자 하는 마음가짐이 중요한 법이죠. 때가 되면 하게 될 겁니다."

몇 년 후 그 어머니와 딸이 다시 찾아왔습니다. 어머니는 들뜬 표정으로 좋은 대학에 합격했다고 말했습니다. 필자는 그 아이의 관상을 다시 살펴보았습니다. 그랬더니 세상에! 예전과 다르게 명궁이 거울처럼 맑게 빛나고 있었습니다. 그 아이는 이렇게 말했습니다.

"대학에 가봤자 취직하기 힘들 것 같아서 일찌감치 제가 좋아하는 의상 디자인 학원을 다니려고 했거든요. 하지만 대학에서 좀 더 체계적으로 공부하는 것도 괜찮겠구나 싶었어요. 그때부터 공부를 시작했는데, 목표가 생기니 공부가 재미있더라고요!"

그렇습니다. 사주와 관상이 좋더라도 마음이 뒷받침되지 않으면 무언가를 이룰 수는 없습니다. 사주팔자나 두뇌는 단지 하드웨어에 불과할 뿐이며, 중요한 것은 우리 몸을 운용하는 소프트웨어인 마음이랍니다. 결국 마음에 따라 관상이 달라질 수 있는 것입니다. 그렇다면 어떻게 하면 좋은 관상을 만들 수 있을까요?

# 좋은 관상을 만드는 이미지 트레이닝

사람은 누구나 간절한 소망을 이루려고 기도하곤 합니다. 언제 기도해야 가장 강력한 효과를 발휘할까요? 결론부터 말하자면 잠들기 전에 하는 기도가 가장 효과적이랍니다. 특히 자신의 이미지라 할 수 있는 얼굴 관리는 물론 건강을 회복하는 데도 이 시간대를 잘 활용하면 큰 효과를 거둘 수 있답니다. 잠들기 전에 입력한 내용이 수면 시간 내내 뇌간에서 수행되기 때문이죠.

잠들기 전에 하는 입면의식이 중요한 이유는 대뇌와 소뇌, 뇌간의 관계성 때문이랍니다. 전두엽, 측두엽, 후두엽, 두정엽으로 나뉜 대뇌와 소뇌는 고등동물일수록 발달되는 후천적 기관입니다. 이 기관들은 희로애락 같은 감정은 물론 보고 느낀 대로 판단하고 새로운 정보도 가공할 수 있습니다. 즉 학습에 따라 옳고 그름을 판단하고 생각하는 것이죠. 자기 의지에 따라 어떤 사안에 대해 긍정적이거나 부정적인 생각을 일으킬 수 있습니다. 상상을 통해 자신의 좋은 이미지를 만드는 작업도 바로 대뇌에서 이뤄집니다.

그러나 원시적 뇌라 할 수 있는 뇌간은 대뇌와 소뇌처럼 시시비비를 가리거나 상상력을 동원할 수 없습니다. 다만 대뇌와 소뇌로부터 정보를 전달받아 그대로 수행할 뿐이죠. 즉 대뇌에서 갑자기 무서운 생각을 일으키면 그 정보에 대한 사실여부와 상관없이 그대로 받아들여 자율신경의 교감신경과 부교감신경을 통해 전신에 전달함으로써 긴장의 결과인 닭살을 돋게 하는 것이랍니다. 최면은 바로 이런 대뇌와 뇌간의 역학관계를 이용한 '거짓 작전'인 셈이죠.

대뇌와 소뇌, 뇌간의 이러한 관계성 때문에 평소 생각이 몸에 그대로 반영된답니다. 그러나 일상에서 자신의 염원을 지속해 나가는 것이 쉽지는 않습니다. 명상 같은 특별한 시간을 제외하면 일상에서 우리는 수많은 생각에 노출되기 때문이죠. 하지만 하루 중 8시간 내외를 차지하는 수면시간이라면 상황이 달라진답니다.

입면의식을 거행할 때보다 강력한 효과가 있는 방법은 주문보다 이미지로 입체화하는 것이랍니다. 즉 자기 얼굴을 이미지로 상상해 홍윤색으로 맑고 밝게 빛나는 이마, 밝고 초롱초롱하게 빛나는 눈, 반듯하게 솟아오른 콧등과 둥글게 빛나는 콧방울, 적당히 도톰하면서 홍윤색으로 밝게 빛나는 미소 띤 입술, 밝은 기운에 휩싸인 빛나는 귀 등을 생생하게 그려보며 잠자리에 드는 것이죠. 이미지화가 잘 안 될 때는 그런 모습을 연상할 수 있는 사진이나 그림을 머리맡에 붙여두고 입면의식을 하면 됩니다. 이렇게 하다 보면 관상 역시 좋아질 수 있습니다.

# 늙음과 노인은 지혜의 상징이었다

인간은 이성을 주관하는 대뇌 신피질이 지나치게 발달하여 다른 동물에 비해 영성적 지혜를 잃어버렸습니다. 지구에 어떠한 재난이 닥칠 때 미물로 취급받는 다양한 동물들은 미리 알아차리고 피난을 하는데, 인간들이 전혀 예측할 수 없는 것은 바로 이성적 지식에만 의존하기 때문인 것 같습니다.

옛 선조들은 동물의 지혜를 빌려 위험과 곤경에서 벗어났습니다. 그 대표적인 사례가 노마지지老馬之智라는 고사성어에 담겨 있답니다.

노마지지란 늙은老 말馬의 지혜智라는 뜻으로, 나이가 많으면 그만큼 경륜이 쌓여 사물의 이치를 파악하는 지혜와 특기가 있음을 비유적으로 이르는 말이죠. 이 말은 『한비자韓非子』「설림說林」전에서 유래했답니다. 제나라 환공 때에 "관중과 습붕이 환공을 따라 고죽국을 정벌하기 위해 봄에 떠났다가 겨울에야 돌아오다 폭설과 혹한에 미혹되어 길을 잃어버렸다. 관중이 나서서 말하길 '늙은 말의 지혜를 이용하자'고 제안하며, 곧 늙은 말을 풀어 따라가니 마침내 길을 찾아 행군하였다"라고 기록하고 있습니다. 경륜 많은 늙은 말의 지혜로움이 인간을 구한 것이죠. 그리고 '늙은 말이 갈 길을 안다'고 해 노마식도老馬識途라고도 한답니다.

예부터 늙음은 곧 지혜의 상징이었습니다. 그래서 원로元老 또는 장로長老를 우대했죠. 그런데 요즘의 현실은 어떠합니까? 직장에선 경험 또는 나이 많은 사람을 퇴물취급하기도 합니다. 조기퇴직은 물론 명퇴를 종용하지요.

예전에는 가정에서도 남녀노소할 것 없이 누구나 자신의 역할이 부여되었습니다. 특히 요즘처럼 노인들이 부담스러운 존재로 내몰리지는 않았죠. 오랜 경험을 쌓아온 노인들은 지혜의 상징이었답니다. 그래서 노인들은 경험이 부족한 젊은이들에게 삶의 지혜를 전달하였습니다. 무언가를 찾아낸다는 뜻의 찾을 搜수 자를 살펴보면 그 의미를 알 수 있습니다.

'찾을 搜수'는 손 수扌와 늙은이 수叟로 이루어져 있는데, 손의 모습을 본뜬 수手는 자형의 좌변에 놓일 때는 주로 扌수로 간략화하여 쓰입니다. 다음으로 叟수의 자형상부의 '臼' 모양은 횃불을 피워 올리기 위한 솜뭉치나 잔가지의 나무를 뭉친 모습이며, 가운데의 'ㅣ'은 불길이 타오르는 모습을 본뜬 것이랍니다. 그리고 자형하부의 又우는 그 횃불을 들고 있는 손을 뜻하는데, 농촌에서 밤늦게까지 일할 때 횃불을 밝혀 일손을 돕는 사람은 주로 힘이 약한 노인들이었답니다. 따라서 이 글자에는 경험이 많은 노인들은 지혜의 상징이기 때문에 횃불을 밝히는 사람, 즉 사리에 밝은 사람은 곧 노인이란 뜻도 함축되어 있답니다. 따라서 搜수 자에는 지혜의 상징인 횃불火을 밝혀 들고서 온갖 수단彐을 동원하여 무언가를 찾는다는 뜻이 담겨 있답니다.

노인과 젊은이가 함께 즐긴다는 노소동락老少同樂을 할 수는 없을까요? 우리 사회는 지금 노기복력老驥伏櫪을 은연중에 강요하는 꼴이 되어버렸습니다. 즉 한때 천 리를 달릴 수 있었던 경험 많은 준마老驥를 마구간櫪에 유폐시키고伏 있는 것이죠.

다시 한 번 생각해 볼 문제인 것 같습니다. 의학이 발달해 갈수록 노령의 인구가 늘어나고 있는데, 사회에서 노인을 골칫거리로 여길 게 아니라 이들의 지혜를 활용해야 할 것입니다.

# 학업운이 트이는 데
# 독서만 한 게 있을까?

이 세상에 태어난 이상 자신의 역량을 키우고 남을 이롭게 하는 이타심利他心을 배양할 필요가 있는 것 같습니다. 자신의 역량을 키우는 데 독서만 한 게 있을까요? 독서는 학업에서 가장 기본적으로 필요한 것입니다. 책을 읽으면 지식과 지혜가 넓어지는데, 독서를 생활화하다 보면 스스로 공부하는 습관도 기를 수 있습니다.

장자는 그의 벗이자 명실名實 합일의 정치사상가 혜시를 일컬어 "혜시는 다양한 분야의 책을 다섯 수레나 읽었다"고 평했답니다. 이에 영향을 받은 당송팔대가의 한 사람 시성 두보는 「제백학사모옥題柏學士茅屋」이라는 시에서 독서의 중요성을 강조하였습니다.

碧山學士焚銀魚 벽산학사분은어

벽산의 학사가 은어 모양의 학사증서를 불태워 버리고

白馬却走身巖居 백마각주신암거

백마를 타고 달려 몸을 암실 속에서 은거하며

古人已用三冬足 고인이용삼동족

옛사람들처럼 세 달의 겨울 동안 독서에 몰두했거늘

年少今開萬卷餘 년소금개만권여

그대도 젊은 나이에 이제 책 만여 권을 읽었으니

靑雲滿戶團傾蓋 청운만호전경개

청운의 꿈이 집에 가득 차서 지붕 위로 빛을 발하니

秋水浮階溜決渠 추수부계유결거

가을비는 섬돌을 넘쳐 도랑으로 흐르는구나

富貴必從勤苦得 부귀필종근고득

부귀는 반드시 근면한 고행 속에서 얻어지는 것이니

男兒須讀五車書 남아수독오거서

남아로서 모름지기 다섯 수레의 책을 읽어야 하느니라

바로 지덕체智德體의 지혜로움을 얻을 수 있는 길이 독서에 있음을 설파한 것이죠. 그렇다면 어떻게 살아야 대장부로서의 삶을 살았다고 할 수 있을까요? 그 답을 『맹자』「등공문편」에서 구할 수 있습니다.

"천하의 넓은 거처에서 살며, 천하의 바른 위계를 세우고, 천하의 큰 도를 행하면서 살아간다. 만약 뜻을 이루면 백성들과 더불어 살고, 뜻을 이루지 못하면 혼자라도 그 도를 실천에 옮긴다. 그리하면 부귀도 자신을 어지럽히지 못하며, 가난하고 천할지라도 굳은 마음을 움직일 수 없

고, 무력으로 협박하여도 굴복하지 않으니 이것이 바로 대장부의 기개
다."

바로 대장부로서의 호연지기浩然之氣를 쌓는 것 역시 이타심을 행하
기 위한 자비로움에서 비롯된다고 본 것이죠.

인간의 삶은 태어난 순간부터 죽을 때까지 배움의 연속이어야 합니
다. 학교에서는 다만 기본적인 지식을 배울 뿐이며, 온전한 인간이 되기
위해서는 전인교육全人敎育이 필요합니다. 전인교육은 끊임없이 공부
하고 독서해야 이룰 수 있습니다.

그러나 많은 사람들에게 독서를 권유하면 책 읽을 시간이 어디 있냐
고들 반문하곤 합니다. 그래서일까요? 해마다 독서율이 감소하고 있습
니다. 2018년 2월 5일 문화체육관광부는 '2017 국민독서실태조사'를
발표했답니다. 이 조사에 따르면 우리나라 성인 10명 중 4명은 1년에
책을 한 권도 읽지 않은 것으로 나타났지요. 우리나라의 독서율은 해마
다 감소하고 있는데, 그 이유는 일과 가사 등으로 바빠서 독서할 시간이
없어서라고 합니다.

그러나 바쁘다는 것은 핑계에 불과하고 책을 읽기에 적당한 시간은
많습니다. 옛사람들은 독서삼여讀書三餘라는 사자성어를 통해 책을 읽
기에 적당한 세 가지 여가시간을 제시하고 있습니다. 즉 겨울과 밤 그리
고 비가 내리는 때가 책을 읽기에 좋은 시간입니다. 이와 관련된 내용이
『삼국지』「위지」에 전해 오고 있죠.

후한 말기에 동우董遇라는 뛰어난 학자가 있었는데, 가르침을 받기
위해 많은 젊은이들이 찾아오면 "책을 백 번이고 두루 읽게 되면 그 뜻

이 절로 드러나게 되어 있다네"라고 하였고, 그러할 시간이 없다고 하면 "한 해의 끝인 겨울, 하루의 끝인 밤 그리고 비가 오는 때가 있잖은가"라면서 독서를 권유하였답니다.

군이 이 시간들이 아니라도 괜찮습니다. 학업을 위해서는 아무 때든 책을 읽는 습관을 들여야겠습니다.

# 몸소 체득하는 공부가 진짜 공부

영어단어를 외울 때를 생각해 봅시다. 단어를 눈으로만 보는 것보다 소리 내어 읽으면 더 오래 기억할 수 있습니다. 그리고 손으로 쓰면서 외우면 보다 오랫동안 기억할 수 있답니다. 왜 그럴까요? 바로 체득體得의 원리 때문입니다.

우리 뇌의 기억에는 일정한 법칙에 따라 기억시간이 한정되어 있죠. 우리의 뇌는 일상의 모든 일을 기억할 수 없는데, 사실 우리의 뇌는 기억할 필요가 없는 정보들을 너무도 많이 기억하고 있답니다. 이러한 문제를 해결해 주는 제어장치가 바로 뇌의 좌우측에 있는 해마체라고 하는 단기기억기관입니다.

해마체가 손상되거나 위축되었을 때 나타나는 현상이 치매癡呆와 같은 기억장애죠. 이 해마체는 자신이 오감으로 감각한 사실의 내용을 짧게는 몇 초에서 길게는 며칠까지 저장하는 단기기억장치라 할 수 있답니다. 별로 중요하게 인식하지 않는 사실은 금세 망각해 버리고, 강하게 인식된 것에 대해서는 며칠까지 기억해 둡니다. 이러한 기억내용을 반복해서 기억하면 할수록 해마체는 보다 중요한 정보로 인식해, 단기기억에서 중장기기억으로 분류하여 보관합니다.

　그래서 뼈에 사무치도록 강하게 인식한 사건을 자신도 모르게 쉴 새 없이 되새기고 또 되새기다 보니 평생 동안 가슴에 사무치는 한恨이 되기도 합니다. 이와 같이 어떠한 사실을 반복적으로 재인식하다 보면 우리 뇌는 단기기억에서 중기기억과 장기기억으로 넘어가게 됩니다. 따라서 운동선수들이 어떠한 동작을 무수히 반복적으로 하다 보면 그러한 동작이 몸에 익게 되는데, 반복적인 기억을 통해 체득體得을 할 수 있기 때문입니다. 공부 또한 마찬가지죠. 영어단어나 수학공식 등을 눈으로만 보는 것보다 손으로 여러 번 써가면서 기억장치에 입력하면 비로소 자기 것으로 만들 수 있습니다. 책을 필사하면 그 내용을 오래도록 기억할 수 있는데, 이 역시 체득의 원리 때문입니다.

　그런데 "나이 드니 이제 기억이 깜빡깜빡하네" 하면서 건망증과 같은 일시적인 기억장애를 당연한 것으로 받아들이곤 하는데, 이는 잘못된 습관이랍니다. 이는 젊었을 때에 비해 일상생활이 산만하여 기억해야 될 것에 대한 주의력이 분산되기 때문이죠. 따라서 중요한 사안을 집중력을 발휘하여 반복해서 기억하다 보면 기억력감퇴를 막을 수 있답니다.

　『장자』「천도」편에는 체득體得의 중요성을 일깨우는 이야기가 나옵니다.

제나라의 환공이 대청마루 위에서 책을 읽고 있었고, 그 아래에선 목수 윤편이 수레바퀴를 만들고 있었습니다. 윤편은 망치와 끌을 놓고선 위를 바라보며 환공에게 물었답니다.

"감히 여쭙겠습다만 전하께서 읽고 계시는 책은 어떤 내용입니까?"

환공이 대답하길, "성인의 말씀이니라!"

"그렇다면 그 성인은 살아계십니까?"

환공이 답하길, "이미 돌아가신 분이니라."

다시 윤편이 여쭙기를, "그렇다면 전하께서 읽고 계시는 책은 옛사람의 찌꺼기로군요."

환공이 말하길, "과인이 책을 읽고 있는데, 어찌 목수 따위가 끼어든단 말이냐! 이에 합당한 설명을 한다면 살려두겠지만 그렇지 못할 경우엔 죽음을 면치 못하리라!"

이에 윤편이 대답하길, "신은 신이 하는 일로 미루어 살펴보고자 합니다. 수레바퀴를 깎을 때, 너무 깎으면 헐거워서 튼튼하지 못하고 덜 깎으면 빡빡하여 굴대가 들어가지 않습니다. 너무 헐겁지도 빡빡하지도 않게 깎는 것은 손으로 터득하고 마음으로 알 수 있을 뿐 입으로 말할 수는 없습니다. 물론 그 사이에는 일정한 수치가 있을 겁니다. 그러나 신은 제 자식에게 말로 깨우쳐 줄 수도 없고 제 자식 역시 신에게 전수받을 수 없습니다. 이 때문에 나이 70이 되도록 늙어서도 수레바퀴를 깎고 있는 겁니다. 옛사람들도 그와 마찬가지로 자신이 경험한 핵심내용을 전하지 못하고 죽었을 겁니다. 그렇기 때문에 전하께서 읽고 계시는 책을 옛사람들의 찌꺼기일 뿐이라고 한 겁니다."

우리의 삶은 배움의 연속이어야 합니다. 그 배움은 경험을 통해 배울 수도 있지만 유한한 삶을 사는 우리로서는 한계가 있는 것 같습니다. 그래서 많은 사람들이 간접체험이라도 하기 위해 고전을 읽습니다. 그런데 고전을 읽는다고 행간 속에 담긴 깊은 뜻까지 파악하기는 쉽지 않습니다. 삶을 통해 몸소 체험해야 비로소 그 뜻을 이해할 수 있을 겁니다. 그래서 맹자는 체득을 강조하고 있습니다.

"군자가 대자연의 깊은 이치를 깨닫기 위해서는 올바른 도道로써 그 자신 스스로 체득해야만 한다. 스스로 체득하게 되면 그 안에서 편안하게 머물 수 있다. 그렇게만 된다면 자신의 자질을 깊이 알 수 있고, 본바탕에 깊이 들어가면 좌우 어느 방면에 적용해도 그 근본 이치에 합당하게 된다. 그렇기 때문에 군자는 자신 스스로 사물의 이치를 체득하고자 하는 것이다."

대자연의 지혜는 스스로 체득해야 얻을 수 있습니다. 오직 자기 스스로 궁구해야 될 문제죠. 학업도 마찬가지입니다. 요새 체험학습이 유행인데, 책으로 익히는 공부보다는 몸으로 익히는 공부가 진짜 공부입니다. 역사를 책으로 공부하는 것보다는 박물관과 유적지 등에 찾아가 몸소 체득하는 것이 진짜 공부가 될 것입니다. 오래도록 기억될 수 있을 테니까요.

# 자호나 아호를 지으면 학업운이 트인다

학문을 즐기던 옛사람들은 자호와 아호를 지었습니다. 왜 그랬을까요? 본명 이외에 쓰는 이름인 호號를 지은 이유는 원하는 것을 이루기 위해서였습니다.

자호自號란 자기의 칭호를 스스로 지어 부르는 것을 말합니다. 옛사람들은 자호를 지을 때 자신의 삶의 목표를 담아냈습니다. 이러한 자호를 지어 타인에게 부르게 하거나 스스로 그 의미를 되새기다 보면 꿈을 이룰 수도 있기 때문입니다. 현재의 자기 이름이 안 좋다고 역술원 등에서 개명改名하는 분들이 더러 있는데, 여러 이유로 본명을 바꾸는 것이 어렵다면 자호를 짓는 것도 좋을 것 같습니다.

아호雅號란 문인이나 학자, 예술가들이 본명 외에 갖는 호칭인데, 이러한 아호는 덕망이 높은 사람이 지어주는 경우가 많은 것 같습니다. 아호를 지을 때는 그 사람의 꿈을 담아내는 것이 좋습니다. 이때 소리글자인 한글보다는 의미를 회화적으로 전달할 수 있는 한자로 짓는 것이 효과적입니다.

얼마 전의 일입니다. 평소 잘 알고 지내던 신부님에게 부탁을 받았습니다.

"최 박사님, 청이 하나 있는데요. 현재 고3인 여자조카에게 학습의욕을 배가시킬 수 있는 아호를 지어주시기 바랍니다. 그 녀석은 의사가 꿈이고 공부도 잘한답니다. 아버지는 고등학교 교사이고 어머니는 간호사랍니다."

"생년월일시는 어떻게 되지요?"

"조카는 양력 2001년 9월 6일 13시 15분에 태어났습니다."

필자는 이와 같은 기본정보를 토대로 오운육기학五運六氣學을 통해 체질을 분석해 보았습니다. 오운육기학은 간단히 '운기'라고 부르기도 하는데, 운기는 기가 운행하면서 변화하는 것으로 '우주자연의 궁극적인 질서' 또는 '계절에 따른 기후변화의 질서'를 의미합니다. 오운육기학은 하늘과 땅의 음양오행을 파악해 자연계의 기후변화가 인체에 미치는 영향을 논리적으로 분석합니다. 오운五運은 토土·금金·수水·목木·화火의 오행에 하늘의 천간天干, '십간'이라고도 부르며 '갑(甲), 을(乙), 병(丙), 정(丁), 무(戊), 기(己), 경(庚), 신(辛), 임(壬), 계(癸)'를 말한다을 배합하여 당년의 운을 파악하는 것이며, 육기六氣는 음양의 여섯 가지 기운인 풍風·화火·서暑·습濕·조燥·한寒을 말하며 십이지十二支를 배합하여 당년의 기를 추측합니다. 이를 통해 인체의 건강뿐만 아니라 재물운과 학업운 등도 알아볼 수 있습니다.

그런데 오운육기학은 출생 당시의 운기뿐만 아니라 입태入胎, 생명이 잉태되는것 당시의 운기도 고려합니다. 우주의 모든 삼라만상은 기의 음양작용에 의해 생성 또는 소멸하는데, 우리 인간 역시 이 법칙에서 벗어날 수는 없습니다. 한 인간이 출생하기 위해서는 천지인天地人의 삼기三氣가 상호조화작용을 일으켜 하나로 관통되어 생명이 잉태되어야 합니다. 다시 말하면 천운天運과 지기地氣와 인기父母가 삼합을 이루었을 때 각 개인마다 독립된 소우주로서 고유한 자기만의 체질로 입태와 출생이 이루어집니다. 그러므로 한 사람의 운명을 알아보기 위해서는 출생일뿐만 아니라 입태일도 살펴야 합니다.

필자는 오운육기학을 통해 신부님의 조카를 살펴보았습니다. 아버지의 정자와 어머니의 난자가 만나 형성된 입태일은 2000년 12월 25일로 몸의 우측 선천체질은 오행상 목운과 수운 그리고 토기와 화기가 허증이었고, 출생일을 바탕으로 형성되는 몸의 좌측 후천체질은 화운과 토운 그리고 목기와 수기가 허증이었답니다. 이러한 체질은 대체적으로 욱하는 기질이 있으나 잘만 제어하면 괜찮아집니다.

이러한 점을 고려해 '혜린慧隣'이라는 아호를 지어주었습니다. 이 아호에는 '슬기로운 지혜를 통해 이웃들을 이롭게 하라'는 뜻이 담겨 있습니다. 의사가 되고 싶어 하는 아이의 학업운과 직업운을 트이게 하기 위해 이런 이름을 지어준 것이죠.

그런데 아무리 좋은 아호라 해도 정작 그 주인이 그 의미를 모르면 무의미합니다. 필자는 이 아호에 담긴 의미를 신부님의 조카가 마음속에 깊이 새길 수 있도록 '혜린慧隣'이라는 한자에 담긴 의미와 스토리를 이야기해 주면서, 한자의 어원까지 풀이한 글을 건네주었죠.

슬기로울 慧혜는 비 혜彗와 마음 심心으로 구성되었습니다. 빗자루를 의미하는 彗혜는 깃털 등과 같은 것으로 뭉쳐놓은 빗자루丰+丰를 손으로 잡고ㅋ 있는 모습을 그려내고 있는데, 즉 빗자루를 잡고서彗 생각과 행동의 근원지인 마음心에 잡념과 같은 티끌이 앉지 않도록 털어낸다는 뜻이 담겨 있습니다.

이웃 隣린은 鄰린의 속자입니다. 그래서 'ß'라는 부수는 언덕을 의미하는 '언덕 阜부'의 생략형이 아니라 사람이 한데 모여 사는 '고을 邑읍'의 생략형인 우부방ß 이라는 점을 기억해야 한답니다. 또한 글자의 구성요소인 '도깨비불 粦린'은 쌀 미米와 어그러질 천舛으로 이루어져 있는데, 米미 자는 본디 불 화火가 두 개 겹친 불꽃 염炎이었죠. 또한 자형 하부의 舛천은 갑골문이나 금문에는 보이지 않는 자형이지만, 춤출 무舞의 금문을 살펴보면 사람이 장식물을 들고서 춤추는 모습을 그리고 있는데 두 발舛의 모양을 그려내고 있습니다. 이에 따라 粦린의 의미는 등불이나 횃불炎을 들고서 어지럽게 오가는 사람들舛을 멀리서 바라보면 꼭 도깨비들이 빛을 내며 움직이는 것 같다 하여 '도깨비불'이라 하였답니다. 따라서 隣린의 전체적인 의미는 사람들이 어울려 사는 고을ß=邑에서 요즘과 같이 가로등이 없는 옛날에는 이웃집을 방문하려면 길을 밝힌 등불이나 횃불炎을 들고서 오가는舛 모양을 멀리서 바라보면 마치 도깨비불粦처럼 보였는데, 곧 가까이 오갈 수 있는 거리라는 점에서 '이웃'이라는 뜻이 담겨 있습니다.

앞에서 필자는 "무언가를 이루기 위해서는 반복적으로 꿈을 꿔야 한다"고 했습니다. 이러한 '혜린'이라는 이름에 담긴 의미와 스토리를 늘 가슴속에 되새기다 보면 자신의 꿈을 이룰 가능성이 높아지게 되죠.

아호를 지어주고 얼마 후, 신부님이 전해 온 말에 따르면 조카 본인도 매우 만족해하며 꿈을 이루기 위해 학습의욕을 불태우겠다고 다짐했답니다. 이러한 방법으로 여러분 자녀의 학습의욕을 북돋을 수 있기를 바랍니다.

# 모르는 것은 부끄러워 말고 물어라

배움의 길은 끝이 없는 것 같습니다. 그러나 우리는 자기보다 못한 사람에게는 가르치려 할 뿐 배우려 하지 않습니다. 심지어 "왜 나한테 가르치려고 해?" 하면서 언성을 높이거나 상대방이 괘씸하다고 생각합니다. "다시 널 보는가 보자, 이놈!" 하면서 눈을 치켜들며 오만불손하기가 그지없습니다.

이러한 사람은 지식이나 지혜의 정도를 가리기보다는 나이나 상하관계를 먼저 따집니다. 한마디로 독불장군의 스타일이죠. 그러니 이러한 사람을 몇 번 겪어본 사람은 눈을 마주치는 것마저 꺼리게 됩니다. 그러니 자기도취에 빠질 수밖에 없죠. 시간이 지날수록 자기 혼자만 고립되고 뒤처지게 됩니다.

필자와 알고 지내는 김 사장은 한때는 정밀기계 분야에서 잘나가는 유능한 기술자이자 설계자였습니다. 그래서 후배들은 그를 신처럼 우러르며 모르는 게 있으면 찾아가 자문을 구하곤 했답니다. 그럴 때면 동행한 사람이 무색하리만큼 우월감에 사로잡혀 호통부터 쳤습니다.

"이런 무식한 놈을 봤나! 야, 그것도 몰라?"

시간이 지날수록 사람들의 발길은 뜸해지기 시작했습니다. 요즘이 어떤 시대인가요? 인터넷으로 연결된 시대 아닌가요? 옛날처럼 도급의 시대가 아니랍니다. 한때 최고였던 김 사장은 그 점을 간과하고 있었습니다. 한때 선망의 눈길로 올려다보았던 젊은 후배들이 무섭게 치고 올라왔죠. 인터넷 정보망을 통해 손쉽게 얻은 정보를 마음껏 활용할 수 있었기 때문이랍니다.

뒤늦게 이러한 사실을 알아차린 김 사장은 꼬리를 내릴 수밖에요. 그나마 다행인 것은 자신의 처지를 뼈저리게 인식하고 옛날 후배들이 그랬던 것처럼 묻고 배우는 것을 주저하지 않았답니다. 마음의 문을 여니 후배들의 가르침이 그렇게 고마울 수가 없었답니다. 이처럼 태도를 바꾸니 다시금 그를 따르는 후배들이 생겼습니다. 그러다 보니 예전처럼 최고의 실력자로 통하게 되었답니다.

삼인행 필유아사三人行必有我師라 했습니다. 세 사람이 길을 가다 보면 반드시 그중에는 스승이 될 만한 사람이 있다는 것이죠. 모든 사람에게는 자기만의 재능이 주어지기 때문에 때로는 스승이 될 수 있습니다. 모르는 것을 묻는 것은 나를 찾는 길이죠. 불치하문不恥下問이라 했습니다. 자기가 모르는 것을 알아가는 것이 배움의 길이죠.

불치하문不恥下問이란 '자신보다 지위가 낮고 나이가 어린 사람에게 묻는 것을 부끄러워하지 않는다'는 말입니다. 『논어』「공야편」에 나오는 말이랍니다.

공자의 제자인 자공이 위나라의 대부인 공문자公文子의 시호에 왜 문文 자가 들어갔는지를 공자에게 묻자 "행동이 민첩하여 배우기를 좋아하고 아랫사람에게 묻는 것을 부끄럽게 여기지 않았기 때문에 문文을 넣은 것이란다"라고 하였습니다. 배움에는 끝이 없습니다. '공자가 아낙네에게 물어 개미허리에 실을 묶어 구슬을 꿰었다'는 '공자천주孔子穿珠'라는 고사성어도 있으니, 모르는 것은 부끄러워 말고 물어야 합니다.

공자가 어떤 이에게 진기한 구슬을 얻었는데, 이 구슬에는 아홉 개나 되는 굽이가 있었습니다. 실로 꿰려고 갖은 방법을 동원하였지만 거듭 실패하였죠. 길을 가다 뽕잎을 따고 있던 아낙네에게 그 방법을 물었고, 결국은 개미허리에 실을 묶고 구슬의 반대 구멍에 꿀을 발라 개미를 유인해 성공할 수 있었답니다. 즉 자기보다 못한 사람에게 모르는 것을 묻는 것이 부끄러운 일이 아니라는 말이죠.

그러나 우리는 어떠한가요? 모르면서도 짐짓 너스레를 떨며 아는 체하지는 않나요? 모르면 비굴해진다는 태도를 버리고, 지위고하를 막론하고 묻고 배워야 합니다. 육신을 지닌 인간으로 태어난 이상 전지전능하지는 않잖습니까! 그러니 묻고 배우는 데 부끄러워할 필요는 없습니다. 우리가 이승에 태어난 것은 온전한 인간이 되기 위해서라는 점을 잊어서는 안 된답니다.

# 나무보다는 숲을 바라봐야

4차산업혁명으로 기계가 인간의 일자리를 빼앗는다는 요즘에 전인교육全人教育이 절실히 필요한 것 같습니다. 인공지능과 사물인터넷 등 4차산업혁명의 신기술은 의사와 변호사 등 전문직 일자리를 기계로 대체하고 있습니다. 이러한 시대에서 우리 인간은 한두 가지 전문적인 지식만으로는 윤택한 삶을 살 수가 없습니다. 정신적으로 윤택해지기 위해서는 다양한 앎이 필요합니다. 인간은 기본적인 소양을 갖추기 위해 인문학을 공부해야 하고, 인문적인 지식이 없는 한 사회는 물론 조직 내의 갈등이 심화될 수밖에 없는 것 같습니다.

필자가 아는 사람 중에는 이른 나이에 전문가가 되어 성공가도를 달리는 사람이 있었습니다. 요즘 대세가 된 IT업계에서 내로라하는 그야말로 전문가였죠. 그가 개발한 프로그램은 대기업 등에서 입도선매立稻先賣할 만큼 뛰어난 작품들이었답니다.

그는 오직 앞만 보고서 내달렸죠. 그러니 가족은커녕 친구들도 하나 둘 멀어져만 갔습니다. 하지만 이에 아랑곳하지 않았습니다. 오직 새로운 아이템을 개발하기 위해 식사도 거른 채 밤낮없이 골몰하고 또 골몰했답니다. 몸과 마음이 쉴 틈이 없었습니다. 그러한 것도 한두 해나 가능한 것이지, 결국엔 쓰러지고 말았답니다. 심신은 지칠 대로 지쳤고, 그를 돌보아줄 가족은커녕 친구나 동료들도 이미 등을 돌린 상태였죠.

병실에 누워 있어도 의료진만 오갈 뿐 누구 하나 얼씬거리지도 않았습니다. 시간이 지날수록 자신을 되돌아보았지만 가족에 대한 원망과 회한만 몰아쳐왔습니다. 하지만 자신이 무엇을 잘못했는지 도무지 알 수가 없었죠. 사회적인 명성과 함께 부도 축적할 만큼 쌓았는데, 주변사람들이 등을 돌리는 것이 이해가 되지 않았답니다.

무엇보다도 한때 자신의 성공에 환호성을 내질렀던 가족과 동료들이 원망스럽기까지 하였답니다. 따스한 말 한마디 건넬 사람도 없으니 그저 분노만 치밀어 올랐죠. 그러다 보니 병세는 호전은커녕 날로 악화되었죠. 그리고 가족과 동료들로 향하던 원망과 분노는 의료진은 물론 사회로까지 확대되었답니다. 급기야는 병실에서 난동을 부리기까지 하였죠. 그때마다 경찰이 출동하여 진압하곤 하였지만 그때뿐이었답니다.

병실에 누워 어디서부터 잘못되었는지 생각해도 도무지 알 수가 없었답니다. 종국엔 '이놈들이 나를 질시해서 그럴 거'라는 생각이 들자 도저히 참을 수가 없었답니다. 난동은 그럴수록 과격해져 갔고, 병원 측에서는 더 이상 어찌해 볼 수도 없다며 가족에게 인도해 버렸답니다. 집으로 돌아온 그는 도저히 참을 수 없었고, 가족들에게까지 폭언과 심지어는 폭행을 일삼으니, 가족들로서도 어찌할 바를 몰랐습니다.

결국에는 정신병원에 입원하게 되었죠. 그러나 그의 분노는 더욱 심해졌고, 다른 수용자들과 언쟁을 벌이다 폭력사태까지 일삼았습니다. 병원 측에서도 어쩔 수 없다며 독방에 감금해 버렸죠. 그의 분노는 더욱 심해졌답니다. 동시에 사람에 대한 그리움이 갈증처럼 찾아들었고, 외로움에 견딜 수가 없었답니다. 시간이 지나면서 분노와 원망은 줄어들고 자신을 성찰하는 시간이 늘어났습니다. 지난날을 되돌아보는 반성의 시간이 늘어날수록 그는 몰라보게 다른 사람이 되어갔답니다.

병원관계자는 물론 가족들도 마음의 문을 열며 그에게 다가갔습니다. 얼굴 가득 미소가 번졌고, 알 수 없는 충만함이 끝없이 차오르는 것 같았답니다.

군자불기君子不器라는 말이 있습니다. 즉 '군자는 한 가지 용도로만 쓰이는 그릇이어서는 안 된다'는 뜻으로, '한두 가지 재능을 개발하는 데만 몰입할 게 아니라 두루두루 살피고 공부해 원만해져야 한다'는 의미로 쓰인답니다. 『논어』「위정편」에서 유래한 말이죠.

한 가지만 잘해서는 온전한 인격을 갖춘 인간이 될 수 없다는 말입니다. 사회적 병폐나 우리 몸의 질병 역시도 통합적인 안목으로 살펴야만 올바르게 진단할 수 있습니다. 나무보다는 숲을 볼 수 있는 눈이 필요한 것입니다.

학업도 마찬가지입니다. 최근에는 학계 간의 구분이 없어지고 있는데, 경제학을 예로 들면 뇌과학과 경제학이 융합된 신경경제학 neuroeconomics이 나왔고, 심리학과 경제학이 융합된 행동경제학behavioral economics이 나왔습니다. 이처럼 학계에서도 서로 다른 분야가 융합되고 있는데, 한 분야에 국한된 지식보다는 두루 통용되는 지식이 필요합니다.

# 잘 알지도 못하면서
# 아는 체하는 게 병폐다

노자는 『도덕경』 제56장의 서두에서 "아는 사람은 말하지 않고, 말하는 사람은 알지 못한다"라고 했습니다. 세상의 이치에 통달하지 않고서는 도道를 알 수 없는데, 혹여 안다 해도 인간의 언어로는 표현할 수 없는 게 바로 '도'라고 했답니다.

요즘 우리 사회에는 전문가라는 허울을 뒤집어쓰고 아는 체를 하는 사람이 많습니다. 하지만 이들은 잘 알지도 못하면서 아는 체를 하는 것 같습니다.

노자는 『도덕경』 제71장에서 '아는 것과 알지 못하는 것'의 병폐를 다음과 같이 말하고 있습니다.

알면서도 알지 못하는 것처럼 하는 게 최상의 덕이고,
알지 못하면서도 아는 체하는 게 병폐다.

오로지 병폐를 병폐로 인식하면,

이 때문에 병폐가 생기지 않는다.

성인에게 병폐가 없는 것은

그 병폐를 병폐로 인식하기 때문에 병폐가 생기지 않는 것이다.

이 말에 대해 하상공은 "성인에게 이러한 억지로 아는 체하는 병폐가 없는 것은, 많은 사람들에게 이러한 병폐가 있음을 늘 가슴 아파하며 그들을 가엾게 여기기 때문에 성인 자신에게 병폐가 생기지 않는 겁니다. 성인이 통달한 지혜를 가슴에 품고 있으면서도 알지 못한 것처럼 행동한 것은 천하의 사람들로 하여금 질박하고 충성스럽고 바르게 하여 각자의 순수한 성품을 지키게 하고자 하였기 때문이랍니다. 소인은 도의 뜻도 모르면서 억지로 아는 것처럼 망령되게 행동하며 자신을 드러내려 하는데, 안으로는 정과 신을 해치고 수명을 감축시킬 뿐입니다"라고 주석하였답니다.

자신이 잘 안다고 여기는 사람일수록 아는 것이 부족하고, 자신이 모르는 것이 너무도 많다고 생각하는 사람일수록 책을 놓지 못합니다. 세계적으로 명망 높은 노학자가 있었습니다. 하루는 한 학생이 "선생님은 아시는 것도 많으신데, 아직도 왜 그렇게 열심히 공부하시는 거예요?"라고 물었습니다. 그러자 노학자는 "아는 게 많아질수록 모르는 게 많아지는 법이란다"라고 대답했답니다.

원으로 비유한다면 아는 것이 부족한 사람은 작은 원이라 할 수 있죠. 원 안의 것은 자신이 알고 있는 것이고, 원 밖의 것은 아직 알지 못하는 미지의 세계입니다. 반면 아는 것이 많은 군자의 원은 소인에 비해 훨씬 크긴 하지만 큰 만큼 미지의 세계를 접하는 부분이 많으니 여전히 모르는 것이 많다고 인식하는 것입니다. 그래서 옛 성인들은 늘 강조합니다. 죽는 순간까지 책을 놓아서는 안 된다고!

학업 역시 마찬가지입니다. 자만심에 빠지면 학업의 원이 작을 수밖에 없습니다. 잘 알지도 못하면서 잘 안다고 착각하면 원의 면적이 넓어질 수 없습니다. 이러한 태도를 버려야 나날이 발전할 수 있을 겁니다.

이승에 살고 육체를 지니고 있는 한 대자연을 통해 자신의 내면세계를 탐구해야 되고, 그를 통해 지혜를 얻어야 합니다. 그것이 우리가 육체를 지니고 이승에 온 까닭이 아니겠습니까?

# 제4부

## 직업운이 풀리는
## 운명독법

# 동양고전에서 찾은 직업운

오늘날 우리는 직업을 선택할 때 물질적인 소득을 가장 중요하게 여깁니다. 하지만 직업을 선택하는 데 있어 자신의 역량을 아는 것이 매우 중요한 것 같습니다. 『장자·내편』「소요유」에 이런 말이 나옵니다.

요堯 임금이 천하를 허유許由에게 물려주겠다며 "청컨대 부디 천하를 맡아주십시오"라고 말하자 허유가 손을 내저으며 말합니다.

"그대가 천하를 다스려 세상은 이미 안정되었습니다. 그런데도 내가 그대를 대신한다면, 나는 천자라는 이름에 집착하는 꼴이 되겠죠? 이름이란 실체의 껍데기일 뿐인데, 나더러 껍데기에 집착하란 말이오? 뱁새가 깊은 숲속에 둥지를 틀 때 필요한 건 나뭇가지 하나에 불과합니다. 두더지가 큰 강에 이르러 물을 마실 때 필요한 건 자기 배를 채우면 그만입니다. 돌아가 쉬십시오, 그대여! 나에게 천하는 아무런 쓸모가 없답니다. 요리사가 제사에 쓰일 요리를 못한다고 할지라도 시동*尸童*이나 축관*祝官*이 자신의 직분을 넘어 대신할 순 없는 노릇이지요!"

또 「양생주」에는 백정 포정과 문혜군의 이야기가 나옵니다. 문혜군이 포정을 바라보며, "아! 훌륭하구나! 기술이 어떻게 이러한 경지에 이를 수 있단 말인가!"라고 말하자, 포정이 칼을 놓고 대답합니다.

"제가 중요하게 여기는 것은 도*道*랍니다. 기술보다 훨씬 앞서죠. 제가 처음 소를 잡을 때 보이는 것은 온통 소뿐이었죠. 그러다가 3년이 지난 후에는 소 전체를 본 적이 없었고, 요즘에는 정신으로 대할 뿐 눈으로 보지도 않습니다. 감각기관의 활동을 멈추고 오직 정신만을 운용하는 거죠. 소 몸체가 부여받은 자연스런 이치*天理*에 따라 칼질을 합니다. 근육의 틈새를 젖혀 열거나 뼈와 관절의 빈 곳에 칼을 쓰는 일은 소 본연의 생김새를 따르기 때문에 지금껏 힘줄이나 근육을 베어본 적이 없습니다. 하물며 큰 뼈야 방해가 되겠습니까! 솜씨 좋은 백정은 일 년 만에 칼을 바꿉니다. 힘줄이나 근육을 베기 때문이죠. 보통의 백정은 한 달 만에 칼을 바꿉니다. 무리하게 뼈를 자르기 때문이죠. 그렇지만 지금 제 칼은 십구 년이나 되었습니다. 그동안 소 수천 마리를 잡았지만 칼날은 막 숫돌에서 갈아낸 듯 예리합니다. 소의 관절은 틈새가 있고 예리한 칼날은 두께가 얇습니다. 그러니 얇은 칼날을 틈새에 넣으면 칼 놀리기에도 넓고 넓어 여유마저 있답니다. 이 때문에 제 칼은 십구 년을 사용했는데도 막 숫돌에서 갈아낸 듯 예리합니다."

실업률이 높아지고 수명도 길어지면서 한 가지 직업을 평생 동안 갖기는 힘들어졌지만 다른 사람보다 잘할 수 있으면서 좋아하는 일에 오랫동안 매진하는 것이 좋지 않을까요? 사람에게는 누구나 타고난 재능이 있고, 그 재능을 펼칠 수 있는 직업을 삼는 것이 유리하기 때문입니다. 직업운이 좋아지려면 한 우물을 파면서 즐거운 마음으로 임해야 할 것입니다.

# 12궁을 알면 직업운이 보인다

직업운을 파악할 때는 이마 한가운데에 있는 관록궁官祿宮을 살펴봐야 합니다.

『마의상법』에서는 "관록궁은 그 사람의 영화로움과 존귀함을 판별할 수 있으니 자세히 살펴야 합니다. 그곳이 밝고 맑아서 흉터나 점 같은 것이 없으면 반드시 벼슬길이 오래가고 존귀함 또한 받들게 됩니다"라고 하였습니다.

『상리형진』에서는 "이마의 중정 부위 모양이 좋고 잘 형성되어 있으면 나라의 복록을 얻고 벼슬이 높이 올라가게 됩니다. 이 부위가 밝고 청정하면서 흉터나 점이 없으면 높은 벼슬에 오를 수 있고 귀한 직책을 오래도록 누리게 됩니다. 이 부위가 흉터나 점 등이 있어 단정치 못하고 이마가 좁으면 앞길이 순탄치 못합니다. 얼굴의 오관이 맑고 잘 정돈되어 있으면 평탄한 길을 갈 것이요, 오관이 정돈되어 있지 못하면 빈천한

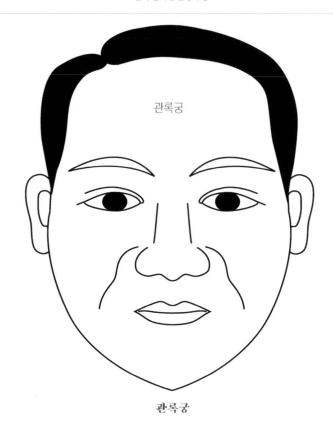

관록궁

**관록궁**

사람이 될 것입니다"라며 이마의 중정 부위를 강조하고 있답니다.

옛날에는 나라의 복록을 받는 관직을 최고의 직업으로 보았습니다. 그래서 관록궁이 좋으면 관직운이 있다고 본 것이죠.

하지만 문명이 발달한 요즘에는 다양한 직업이 등장하고 있습니다. 그러면서 직업에 대한 선호도 역시 달라지게 되었습니다. 얼마 전까지 변호사는 고소득을 보장받는 직업이었는데, 사법고시가 폐지되면서 로스쿨을 졸업하고도 일자리를 구하지 못하는 사람이 생기게 되었습니다. 또 4차산업혁명으로 변호사 등 전문직 일자리를 인공지능이 대체하게 되면서 미래는 더욱 암울해졌습니다. 급변하는 세상에서 지금 잘나가는 직업이 앞으로도 그러리라고 보장할 수는 없습니다.

예나 지금이나 억지로 하는 일이 좋은 결과로 이어지지는 않습니다. 부모나 주위의 강요에 의해 어쩔 수 없이 '울며 겨자 먹기 식'으로 택하는 직업이 아니라 자신이 좋아하는 일을 직업으로 택해야 합니다.

종오소호從吾所好라 했습니다. 『논어』 「술이편」에서 유래한 말로, 다음과 같은 일화와 관련된 말입니다. "공자께서 말씀하시길 '경제적인 부를 추구할 수만 있다면 설령 채찍을 잡고 말을 모는 하찮은 직업일지라도 나는 할 것이다. 그러나 만약 그것을 추구할 수 없다면, 내 자신이 좋아하는 일을 좇겠다'라고 하였답니다. 예나 지금이나 자신이 좋아서 하는 일에는 싫증은커녕 재미와 보람을 느낄 수 있습니다. 좋아하는 일을 하면 그 분야의 전문가가 될 수 있는 가능성도 높습니다.

자신이 좋아하는 분야에서 일하는 사람들은 지칠 줄 모르는 열정을 불사르며 뛰어난 성과를 얻곤 합니다. 요즘에는 취미趣味 삼아 했다가 본업으로 전향하는 경우도 많죠. 일이란 즐기면서 해야지 억지로 해서는 몸도 마음도 쉬 지쳐버리게 됩니다.

직업은 절대적인 것이 아니라 상대적인 것입니다. 직업에 대한 세상의 평가가 제아무리 좋아도 정작 자신이 재미를 못 느끼면 그 일을 오래할 수 없을 뿐더러 종국엔 다른 직업을 찾기 마련입니다. 이러한 경우는 우리 주변에서 어렵지 않게 찾아볼 수 있답니다.

제 지인 중에는 사람들의 부러움을 사는 의료인이 있답니다. 그는 의

과대학을 졸업하고 병원을 개업했지만 시간이 지날수록 도무지 일할 의욕이 줄어들고, 자기가 좋아하는 요식업을 하고 싶었습니다. 그러자 주위 사람들은 이구동성으로 "남들은 하고 싶어도 못하는데, 미쳐도 단단히 미쳤구먼!"하면서들 혀를 찼습니다.

그래도 어쩌겠습니까! 본인이 하기 싫다는데 말이죠. 결국엔 병원문을 닫고 음식점을 개업한 그의 얼굴엔 화색이 돌고 삶에 신바람이 났습니다.

직업을 택하는 데 경제적인 부도 중요하겠지만 자신의 재능이 우선되어야 하지 않을까요? 우리는 어려서부터 "공부를 잘해야 출세한다"는 말을 듣고 무조건 명문대학의 인기학과에만 들어가려 했습니다. 그 과정에서 정작 중요한 개인의 재능과 관심사는 무시당하기 일쑤였죠. 그러니 의사와 변호사 등이 되더라도 즐겁게 일하지 못하는 사람이 많습니다. 이런 삶이 과연 행복할까요?

저를 찾아오는 분들 중에는 한 분야에서 오래도록 일하고 있는 분들이 많은데요. 이분들의 관록궁은 대개 발달해 있습니다. 의사와 변호사, 회계사 등 전문직도 있고, 엔지니어와 임원 또는 사업가도 있습니다. 이분들은 세월이 흐를수록 한 분야에서 능력을 인정받습니다. 자신의 역량을 점점 키워나가기 때문이지요. 결국 예나 지금이나 오래도록 자신의 역량을 키워나가고 능력을 인정받을 수 있는 직업이 좋은 직업이라고 할 수 있을 겁니다.

# 나는 어떤 일을 하기 위해
# 이승에 왔을까?

내 자신이 이번 생에서 어떠한 목적을 가지고 태어났는가를 알고 싶다면, 전생보다는 중음기重陰期: 바르도에서 어떠한 삶의 계획을 세웠는지 알아봐야 합니다. 영혼불멸을 믿는다면 말이죠. 중음기란 전생과 현생 사이에 영혼의 형태로 머물 때를 말하는 것으로, 이에 대해서는 『티벳 사자의 서』나 『영혼들의 여행』에서 잘 풀이하고 있답니다.

이러한 책들의 도움을 받지 않고도 스스로 알아볼 수 있는 방법이 있습니다. 인간은 망각의 동물입니다. 대부분의 사람들은 중음기에 세웠던 계획들을 육체를 받고 이승에 태어난 순간 잊어버립니다. 중음기에 세웠던 계획들은 수행을 통해 복원할 수 있고 실행할 수도 있습니다. 그러기 위해서는 우선 태어난 시점으로 최대한 회귀해야 합니다. 우리가 기억할 수 있는 유년기는 대략 몇 살 때일까요? 대부분 초등학교 입학 전후의 시기까지만 기억할 겁니다.

그러나 지난 과거의 경험들을 현재에서 과거로 되돌아가며 살펴보는 역행逆行 명상법을 활용하면 그보다 오래된 기억들도 떠올릴 수 있을 겁니다. 대부분의 사람들은 명상瞑想을 수련가들이나 하는 방법이라고 생각해 어려워하는데, 꼭 그런 것만은 아닙니다. 명상이란 잡생각을 없애고 오직 목표한 한 생각에 집중하는 방법입니다. 우리 생각은 몸의 영향을 받게 되어 있습니다. 그러니 몸으로 인한 간섭을 최대한 줄여야 합니다. 그러기 위해 누구나 할 수 있는 방법이 있는데, 잠자리에 들기 전에 하는 수면명상법이랍니다.

수면명상법은 우리 몸의 뿌리에 해당하는 머리를 시작으로 몸 중앙부를 거쳐 인체의 가지 끝에 해당하는 발끝까지 마음을 집중해 몸 전체를 이완하는 방법입니다. 먼저 머리꼭지인 두정부에 위치한 백회혈에 마음을 집중하며, 하늘로부터 밝은 빛이 백회혈로 쏟아져 들어온다고 생각합니다. 이때 종교를 가진 사람은 자신이 믿는 절대자인 하나님, 부처님, 천주님 등을 연상하며 성령이 임한다고 상상해도 좋습니다.

그 빛이 이마→눈→코→입→목→가슴→명치→중완명치와 배꼽 중앙→배꼽→아랫배→양 고관절→양 허벅지→양 무릎→양 종아리→발목→발등→발가락을 통해 빠져나가가며 몸이 정화되면서 편안하게 이완된다고 상상하면 된답니다.

몸의 세세한 부위까지 이완하기 위해서는 보다 긴밀한 몸과의 소통이 요구됩니다. 즉 대뇌→소뇌→뇌간→경추1~7번→어깨→팔 전체→흉추1~12번→요추1~5번→미추1~5번→고관절→대퇴골→슬관절→종아리→발목→발등→발가락, 다시 머리로 올라와서 눈→코→귀→

입→기관지→갑상선→흉선→양 폐→심장→횡격막→간담→위→십이지장→소장→맹장 및 충수→대장→직장→항문→위 뒤편의 췌장과 비장→신장→방광→생식기→고관절→대퇴골→슬관절→종아리→발목→발등→발가락 등의 감각을 마음으로 느껴야 합니다. 이렇게 순차적으로 마음으로 몸의 감각을 느끼며 소통을 반복하다 보면 어렵지 않게 안정된 이완상태에 이를 수 있답니다.

이완법을 원만하게 수행하였다면 양발의 발바닥 중앙에 위치한 용천혈에 코가 있다고 상상하며 호흡하는 종식법踵息法을 추가하면 더욱 좋답니다. 이는 1단계부터 3단계로 높여가는데, 처음엔 대부분 20회 호흡을 하기도 전에 잠 속으로 빠져드는 게 일반적인 현상입니다.

이 호흡법은 잠자리에서 뿐만 아니라 차 안이나 사무실에서도 의식을 집중한 채 할 수도 있답니다. 이는 머리로 상기된 열을 내리는 데 아주 탁월하죠. 점심식사 후 편안한 의자에 기대어 15분가량만 해도 여러 모로 유용합니다. 동서양에서 공히 건강의 제1법칙으로 내세운 두한족열頭寒足熱: 머리는 시원하게 손발은 따스하게을 실행하는 데 매우 효과적이랍니다. 보다 자세히 알고자 한다면 필자가 몇 해 전에 출간한『하루3분 수면혁명』한겨레신문 휴 출판을 참조하시기 바랍니다.

몸이 완전한 이완상태에 이르지 못한다면 온갖 잡념이 끊이지 않아 깊은 명상에 들 수가 없습니다. 명상에 들면 우리의 주체인 마음이 몸으로부터 자유로워집니다. 마음이 몸으로부터 자유로워지면 시공간을 초월해 내 영혼의 과거와 현재 상태를 알 수 있답니다. 명상에 들면 내가 어떤 일을 하기 위해 이승에 왔는지를 알 수 있는 것입니다.

증권사에서 근무하는 40대 초반의 남자분이 있었습니다. 남들이 모두 부러워하는 직종으로 경제적으로 안정적일 뿐 아니라 전도유망한 직업이었습니다. 그런데 어느 날 필자를 찾아와서는 상담을 요청한 적이 있었습니다.

"선생님, 요즘에 제 직업에 권태감을 느껴 이직을 하고 싶은데, 무얼 해야 할까요?"

그래서 심신을 고요히 이완한 다음 현재의 나이로부터 유년기까지 역행명상에 들게 하였습니다. 일상에서 기억하지 못했던 유년기의 기억이 떠오르면 점차 더 깊게 역행하여 중음기에서 다음 생에는 무엇을 할 것인가 설정했는지 떠올리게 하였고, 이를 몇 번이고 반복하여 명상에 들게 하였습니다. 그랬더니 시간이 한참 지난 뒤 필자를 찾아와서는 이렇게 말했습니다.

"저는 많은 사람들에게 먹을 것과 마실 것을 보시하듯 제공하는 요식업을 하고 싶었답니다. 저 역시 어려서부터 해보고 싶었던 일이고 제가 잘하는 직종이기도 합니다. 제가 하고 싶은 일을 이제야 찾았습니다!"

# 명상을 통해 나의 과거로 여행을 떠나자

마음이 몸으로부터 자유로울 만큼 이완이 되었다면 이제는 현재 시점에서 과거로 여행을 떠나야 합니다.

조용한 장소에서 편안하게 몸을 눕히고 이완하면 몸으로부터의 방해를 줄일 수 있답니다. 수행 초기에는 엄청난 잡념이 밀려온답니다. 그때마다 이를 알아차리는 게 중요합니다. 내 몸의 주인인 마음이 깨어 있지 않으면 알아차리기가 쉽지 않습니다.

현재의 시점부터 역행하여 작년에서 재작년으로 시간여행을 하며 기억 가능한 과거까지 돌이켜봅니다. 대부분 초등학교 입학 전후까지 기억할 수 있을 겁니다. 그러나 반복하다 보면 일상에서는 생각나지 않았던 어린 시절의 아주 미세한 것까지도 또렷하게 뇌리에 그려진답니다.

그 가운데서도 특히 명절날에 일가친척들이 "넌 커서 뭘 하고 싶냐?"와 같은 질문을 건넸던 것을 기억하게 될 겁니다. 필자의 경우에는 그때에 "학자나 글 쓰는 작가가 될 것"이라고 대답하곤 했습니다. 그래서 어려서부터 늘 손에서 책을 놓지 않고 일기나 글을 쓰는 걸 좋아했답니다. 그렇게 써놓은 일기나 수필 형식의 글들이 대학노트로 수십 권 분량이나 되었는데, 아쉽게도 고향의 시골집이 전소되어서 모두 사라져버렸죠.

다시 옛이야기로 돌아가 봅시다. 고1 무렵에 벗들과 장래에 대해 많은 이야기를 나누곤 했는데, 필자는 서양철학보다는 동양철학을 꼭 공부하고 싶다고 말했었죠. 고3이 되어 대학진학을 상담했는데, 철학과를 가고 싶었습니다. 그때마다 진학담당 선생님은 "철학은 무슨, 얼어 죽을 일 있냐!"는 핀잔을 건넸습니다.

당시만 해도 담당 선생님의 엄명이 곧 법이었던 시절이라 취직이 잘 된다는 상대 경제학과에 입학하였죠. 졸업을 하고 보건복지부 산하 공기업의 간부인 소장 직에 첫발을 내디뎠으나 너무 편한 직업이라서 안일함에 빠져 자기 발전이 어렵겠다는 생각이 들었답니다. 고민 끝에 주변의 만류에도 불구하고 6개월 만에 사표를 던지곤 한적한 산사로 들어가 머리를 싸매고 책과 씨름했습니다.

몇 개월 만에 글을 쓰고 공부를 할 수 있다는 신문사에 취직했습니다. 하지만 공부는커녕 취미생활마저도 짬을 낼 수 없는 그야말로 바쁨의 연속이었습니다. 그래서 한가한 부서를 찾아 몇몇 언론을 전전하기도 했지만 별다를 게 없었죠.

장고 끝에 주위의 만류에도 불구하고 30대 중반의 나이에 동양학의 핵심 논제인 기氣를 공부할 수 있는 연구소로 이직을 감행하였고, 나이

40이 되던 해에는 본격적인 공부를 위해 대학원에 진학했습니다. 마침 원광대 동양학대학원이 서울 인근의 산본에 분교를 운영하고 있었답니다.

석사과정에서는 다양한 수행법을 배울 수 있는 기공학氣功學을 전공하였고, 박사과정에서는 기학氣學을 공부하였답니다. 수많은 경전을 읽기 위해선 한자 및 한문 공부가 절실했습니다. 그래서 '막고 품기 식'으로 글자 하나하나를 알기 위해 갑골문, 금문, 소전, 설문해자 등을 찾아 그 의미와 외형적 그림을 그려보았죠. 모든 글자가 상형적이라 그림으로 그려낼 수 있었고, 또한 이야기가 담겨 있어 스토리텔링이 가능했습니다.

이때 익힌 학습법을 저 혼자만 알고 있기가 안타까워 보다 많은 사람과 공유하고자 10여 권이 넘는 한자 관련 책을 저술할 수 있었답니다. 결국 작가라는 직업을 새로 갖게 된 셈이죠. 결국 명상을 통해 자기가 하고 싶은 일을 찾아가다 보면 적성에 맞는 직업을 얻을 수 있다고 봅니다.

# 일이 싫어서가 아니라
# 인간관계 때문에 이직하고 싶다면?

　직장생활을 하다 보면 이직을 생각하지 않고 편안한 마음으로 업무에 집중하는 경우가 드문 것 같습니다. 대부분 직장 내에서 원만한 소통이 이루어지지 않는 '소통의 부재' 때문에 힘들어합니다. 이는 우리 전통문화와도 무관하지 않는 것 같습니다. 가장 가까운 조선시대에는 상명하복上命下服의 수직적 사고를 강요하는 유교문화 때문에 임금과 신하는 물론 백성 간에도 신분에 따라 명령을 내리는 사람과 받드는 사람으로 나뉘는 인간관계가 오래도록 성행했습니다. 그러니 직장과 가정 내에도 상하관계가 분명해 원만한 소통이 이루어지기 어려웠습니다.

　이러한 분위기는 불과 몇 십 년 전까지만 해도 팽배했었죠. 필자가 어렸을 때만 해도 빈부격차만큼이나 신분의 차별도 심했습니다. 소작농은 지주의 집안일을 제 일처럼 거들어야 했고, 지주의 집에는 머슴꾼이 서너 명씩은 있었습니다. 거의 모든 일들이 지주의 상명하달 지시로 이루어지다 보니, 원만한 소통은 이루어질 수가 없었죠.

조선시대 국가통치이념의 근간이 된 유교의 수직적 사고는 도교의 수평적 사고에 비해 상하관계가 분명했고, 남녀 간에도 차별의식을 심어주었습니다. 이러한 의식이 아직도 알게 모르게 남아 있는 게 현실입니다. 특히 50~60대 연령층의 사람들은 이를 겪었을 겁니다. 이 세대는 가부장적 권위가 통용되었던 시대에 태어났죠. 그래서 가부장인 아버지의 명령을 어겼다가는 시시비비에 관계없이 가족 간에도 눈 밖에 났답니다.

몇 해 전의 일입니다. 『하루3분 수면혁명』을 출간하고 여러 사람이 그룹을 지어 강의요청을 해왔습니다. 30여 명이 참석했는데, 유독 맨 앞자리에 앉은 젊은 친구가 얼굴에 혈색도 생기도 없이 무언가 심각한 고민에 빠진 듯 강의를 듣고 있었습니다.

강의가 끝나고 그는 조용히 제 앞으로 다가오더니 말했답니다.

"선생님, 저에게 시간 좀 내주실 수 있나요?"

필자는 직감적으로 무언가 심각한 고민거리가 있을 거라고 생각했습니다.

"그럽시다. 여긴 그러니 조용한 내 연구실로 오시죠."

그러면서 위치와 시간을 알려주었답니다.

찾아온 그는 자기의 신상명세를 이야기하며 이직을 하고 싶다고 했습니다. 그는 서울의 명문대학 공대를 졸업한 수재로 우리나라 굴지의 대기업에서 5년째 근무하고 있었답니다.

"이직을 결심한 가장 큰 이유는 뭔가요?"

"사내의 동료나 상사와의 관계가 너무 힘들고, 저를 외톨이 취급을 하는 게 가장 견디기 힘듭니다."

필자는 그의 얼굴표정을 살피며 물었습니다.

"현재 담당업무에 만족하고 있나요?"

그는 미소를 지으며 "물론 만족하고, 회사의 비전도 좋다"고 했습니다.

그에게는 사내의 인간관계가 문제였습니다. 우리 주변을 살펴보면 의외로 인간관계 때문에 걱정과 분노에 휩싸여 있는 경우를 많이 접할 수 있습니다. 인간관계 때문에 일을 포기해서는 안 되겠죠. 인간관계를 좋아지게 하면 되지 않겠습니까?

그래서 필자는 그에게 '용서법'을 제시하였죠. 처음엔 쉽지만은 않지만 하다 보면 의외로 효과가 뛰어나고 마음치유를 위해서도 좋답니다. 그에게 백지 한 장을 건네며 현재 회사 내의 동료 및 상사와의 관계를 '싫고 좋은' 정도를 얼굴에 나타내는 그림을 그려보라고 했답니다.

그가 그린 그림을 보니 심각했습니다. 그래서 관계가 개선된 그림을 얼굴표정까지 곁들여 그려보라고 했죠. 이러한 반복적인 이미지트레이닝을 통해 5년여가 지난 지금은 직장 내는 물론 직장 밖의 인간관계에서도 잘 적응하고 있답니다.

살아가면서 우리는 싫어하고 미워하는 사람 때문에 힘들어합니다. 어떤 특정한 사람만 떠올리면 분노가 치밀거나, 혹은 가슴 미어지는 한恨이 온통 머릿속에 둥둥 떠다닌다면 어찌해야 할까요? 용서 容恕를 해야 합니다.

그런데 많은 사람들이 그 대상과 직접 만나 대화와 화해를 통해서만 용서를 할 수 있다고 생각합니다. 하지만 말로만 하는 용서가 아니라 마음속으로 용서해야 합니다. 상대방에게 "아, 그냥 용서해 줄게!'라고 말하면서도 '내가 그 인간에게 어떤 수모를 당했는데 용서를 해! 난 죽었으면 죽었지 절대로 용서 못해!' 혹은 '이제 두고 봐라! 내 그 인간에게 대를 이어서 복수하게 할 거야!'라고 생각한다면 용서를 할 수 없습니다.

용서란 상대방을 위해서가 아니라 나 자신을 위해 하는 것입니다. 누군가에게 분노를 안겨준 사람은 무심코 자행한 경우가 많아 분노와 한을 안고 있는 사람만큼 괴로움이나 번민도 크지 않죠. 따라서 혼자서 상대방을 원망해 보았자 분노와 번민만 커질 뿐입니다. 그러니 나 자신을 위해 용서해야 합니다.

용서는 화해와 달리 상대방과 대면할 필요가 없습니다. 우선 혼자서 곰곰이 그 사건을 객관적으로 생각해 봅시다. 내 마음속에 응어리진 분노나 한이 담긴 사건에 대해 마음을 가라앉히고 상대방의 입장에서 그 사건을 객관적으로 바라봅시다. 혹시나 내가 건넨 말이나 행동이 상대방으로 하여금 화를 일으키게 하지는 않았나요? 나에게도 문제가 있었다고 깨달으면 용서하기가 쉬워질 것입니다.

그런데 나에게 전혀 문제가 없었다고 생각하면서 무조건 용서하겠다고 다짐하면 계속해서 앙금이 떠올라 번민을 일으키는 요소가 되기도 합니다. 이런 식의 용서는 안 하느니만 못합니다.

제아무리 참을 수 없더라도 시간이 지나면 용서하게 될 수 있습니다.

처음엔 생각만 해도 치가 떨리지만 계속해서 객관적으로 바라보면 점점 분노의 농도가 옅어집니다. 그러다 피식 웃어넘길 정도가 되면 용서가 된 것이라 할 수 있습니다.

사실 용서를 하고 나면, '내가 왜 그랬지' 생각하며 마음의 큰 짐이 사라지게 됩니다. 결국 마음의 평화는 다른 사람이 아니라 오직 자신만이 일구어낼 수 있는 무형의 자산입니다. 마음의 평화가 온몸에 가득 차 있는 한, 몸과 마음은 쉽게 병들지 않습니다.

# 고정관념이 직업운을 망친다

우리가 사는 세상은 '절대관념'이 지배하는 세계가 아니라 '상대적인 관념'이 통용되는 더불어 사는 시공간의 세계입니다. 다소 어려운 말일 수도 있지만, 예를 들자면 오늘 자신이 어떠한 음식물을 먹어서 배탈이 나 갖은 고생을 했다고 다른 사람도 그 음식을 절대적으로 먹어서는 안 된다고 할 수는 없죠.

그런데 우리가 사는 세상을 들여다보면 획일적인 고정관념이 지배하는 것 같습니다. 특히 체질론을 앞세워 한방은 물론 양방에서도 "당신은 무슨 체질이니 이러이러한 음식은 절대 먹어서는 안 되고, 이러이러한 음식들만 먹어야 한다"고 규정해 버립니다. 금지식품과 권장목록을 받아든 당사자는 이를 지키느라 전전긍긍합니다. 이와 같은 고정관념이 우리 사회 곳곳에 그물처럼 드리워 있는 게 사실입니다.

그러나 만사만물 중에 변화하지 않는 것은 이 우주공간에 아무것도 없죠. 오늘의 적군이 내일의 동지가 될 수 있고, 오늘의 아군이 내일의 적군이 될 수 있는 게 세상사입니다. 따라서 어떠한 지침이나 규범이라 하더라도 항구불변하게 절대적으로 적용시킬 수는 없으며, 시공간에 따라 자연스럽게 변화를 주어야 한답니다. 그래서 고대에는 '상선약수 上善若水'라는 사자성어가 많은 사람들의 가슴에 녹아들었죠. 즉 '가장 좋은 것은 물과 같이 사는 것'이라는 말이랍니다.

직업에 있어서도 마찬가지입니다. 세상은 변하고 직업과 관련된 환경 역시 변하게 마련입니다. 의료직을 예로 들어봅시다. 우리나라에 서양의학이 들어오면서 의료계에서는 한의학과 서양의학이 서로 대립해 왔는데, 자신들의 방식이 옳고 상대방의 방식은 그르다고 반목하곤 했습니다.

하지만 인간의 몸과 마음을 치유하려는 본질만큼은 둘 다 같습니다. 최근에는 서양의학과 한의학의 장점을 융합하는 시도가 많은 환자들에게 사랑받고, 실제로도 좋은 성과를 거두고 있습니다. 이러한 시도는 물처럼 고정관념에 휩싸이지 않기 때문에 가능한 것입니다. 물은 네모난 그릇에서는 네모나게, 세모난 그릇에는 세모나게 담기고, 낮은 데로 임하므로 겸양의 미덕도 갖추었습니다. 이처럼 인간의 몸과 마음을 치유하려는 본질은 유지하면서 고정관념에 휩싸이지 않고 치유법을 달리한다면 의료직에서 자신의 직업운을 보다 발전시킬 수 있을 것입니다.

필자의 경우에는 기공학氣功學과 기학氣學 등 동양철학을 공부했는데, 참선과 명상, 도인법 등 다양한 수련을 해왔답니다. 하지만 동양철학과 서양의 과학을 접목시키기 위해 서울대학교 한의물리학교실에서 인체의 경락, 바이오포톤, 생체자기장, 생체에너지 등을 연구했습니다. 그 결과 보다 많은 분들의 몸과 마음을 치유할 수 있게 되었답니다. 동양철학이 절대적인 지혜를 담고 있으니 서양의 것들은 무조건 배척해야 한다는 고정관념에 빠졌다면 이러한 성과를 거두지 못했을 겁니다.

그런데 필자와 달리 고정관념에 사로잡혀 직업운을 망치는 사람도 있습니다.

30여 년 전의 일입니다. IT업계에서 잘나가던 분이 있었는데, 그는 항상 사업만 하면 성공할 거라고 확신했습니다. 어느 날 그에게 고향집과 5천여만 원의 유산이 손에 쥐어졌습니다. 그는 그 자금을 밑천삼아 고향집이 있는 지방도시로 내려가 사업을 할 요량이었습니다. 그러나 IT산업이 활발하지 않은 지방도시에서는 쉽지 않은 일이었습니다. 몇 년 만에 자금이 바닥났고, 결국 매일매일 일거리를 찾아 나서는 신세가 되고 말았습니다.

'모 아니면 도'라는 식의 이분법적인 사고는 우리가 일하는 데 불필요한 것입니다. 세상은 단지 선악善惡의 세계로 양분할 수 없고, 우리가 사는 세상에는 다양한 직업들이 끊임없이 탄생하기 때문이랍니다. 가장 좋은 섭생법이 '입맛'에 맞는 것을 그때그때 적당히 섭취하는 것이듯, 고정관념에 휩싸이는 대신 마음의 문을 활짝 열고서 끊임없이 새로운 정보를 받아들여야 직업운을 발전시킬 수 있을 겁니다. 그래야 한 분야에서 대기만성大器晩成할 수 있을 겁니다.

# 제5부

## 사업운이 풀리는 운명독법

# 동양고전에서 찾은 사업운

직장생활이 힘든 사람들이라면 한 번쯤 나도 사업이나 해볼까 생각할 겁니다. 하지만 현실은 만만치 않습니다. 통계청이 발표한 '2016년 기준 기업생멸행정통계 결과'에 의하면 창업 후 1년 생존율은 62.7%, 5년 생존율은 27.5%에 불과합니다. 100개 업체가 창업하면 5년 후에는 27.5개만 살아남는 셈입니다.

왜 많은 사람들이 사업을 시작하고 망하는 걸까요? 경기가 안 좋은 것도 이유겠지만 사업 준비를 제대로 하지 않고 사업에 뛰어들었기 때문입니다. 통계청이 2017년에 발표한 창업기업실태조사에 따르면 창업자들의 평균 준비기간은 10.4개월에 불과하며, 창업 교육을 받지 않은 창업자가 전체의 83.1%나 됩니다.

예나 지금이나 사업을 하기 위해서는 넓은 안목이 필요한 것 같습니다. 근시안적인 태도로는 큰일을 이룰 수 없기 때문입니다. 풍수지리에서는 '당대발복當代發福'이라 하여 "부모를 좋은 묏자리에 장사 지내야 그 아들 대에서 부귀를 누리게 된다"고 하지만 사업운이든 재물운이든 묏자리를 잘 쓴다고 해서 좋아지는 것은 아닙니다. 사업이 나날이 발전하기 위해서는 긴 안목이 필요한 것 같습니다. 오랜 기간에 걸쳐 인재양성과 기술축적 등이 이루어져야 사업이 발전할 수 있기 때문이죠.

『열자』제5편「탕문편」에는 사업가들이 가슴에 반드시 새겨야 할 글이 나옵니다. 바로 우공이산愚公移山입니다. 그 의미는 '우공이라는 사람이 산을 옮긴다'는 뜻으로, '남이 보기에는 어리석은 일처럼 보일지라도 한 가지 일을 꾸준하게 하다 보면 언젠가는 목적을 달성할 수 있음'을 비유적으로 이르는 말입니다. 우공이산과 관련된 이야기를 가감 없이 그대로 옮겼으니 음미해 보기 바랍니다.


태형太形과 왕옥玉屋이라는 두 산은 사방의 넓이가 칠백 리에다 높이가 만 길이나 되는데, 본래는 기주冀州의 남쪽과 하양河陽의 북쪽 사이에 있었습니다. 북산에 사는 우공이란 사람은 나이가 구십이 다 되어가는데, 산을 마주하고 살았습니다. 산이 북쪽을 가로막고 있어서 집을 들고나려면 산을 돌아서 멀리 다녀야 하는 수고로움이 따랐답니다. 그는 집안사람들을 모아놓고 의논하자며 말합니다.

"나와 너희들이 온 힘을 다해 험준한 산을 평평하게 깎아낸다면 곧장 예주豫州의 남쪽으로 통하고, 곧장 한수漢水의 남쪽에 도달할 수 있는데 괜찮겠느냐?"

모두가 그 말에 동의했으나 그의 아내만은 의문을 제기하며 말합니다.

"영감의 기력으로는 저 작은 괴부산魁父山의 언덕조차도 없앨 수 없을 터인데, 태형太形과 왕옥王屋과 같은 큰 산을 어찌하시렵니까? 또 거기서 나온 흙과 돌은 어디다 버린단 말이오?"

그러자 여러 사람들이 이구동성으로 말합니다.

"발해의 꼬리인 은토의 북쪽에 버리면 됩니다."

마침내 우공은 자손들과 짐을 질 세 사람을 이끌고서 돌을 두드려 깨고 흙을 파서 키와 삼태기에 담아 발해의 꼬리 쪽으로 운반하였습니다. 이웃 사람인 경성 씨 집안의 과부가 된 부인에겐 유복자인 사내아이가 있었는데 겨우 이를 갈기 시작한 나이였으나 달려가서 이 일을 도왔답니다. 그들은 추위와 더위의 계절이 바뀌고 나서야 비로소 한 차례 돌과 흙을 버리고 되돌아왔답니다. 황하의 강굽이에 사는 지혜롭다는 한 노인이 그것을 보고 한바탕 웃고서는 그 일을 말리며 말합니다.

"당신의 똑똑치 못한 행동이 너무 심하오! 당신 같은 늙은 나이의 여력으로는 산속의 풀 한 포기도 뽑기 어려울 터인데, 저 많은 돌과 흙은 어쩐단 말이오?"

북산의 우공은 길게 숨을 내쉬며 말합니다.

"당신 마음은 고정관념에 휩싸여 있어, 고정관념으로는 통할 수가 없는 법이오. 저 과부가 된 부인의 어린 아들만도 못하구려. 비록 나는 죽게 되겠지만 자식은 남아 있잖소. 내 자식은 또 손자를 낳을 것이고 그 손자는 또 자식을 낳을 겁니다. 그 자식은 또 자식을 낳고 그 자식은 또 손자를 낳아 자자손손이 끝없이 이어질 것이지만 산은 더 이상 불어나진 않을 터인데, 어찌하여 평지가 되지 않을 것이라 고심하는 겁니까?"

황하의 강굽이에 사는 지혜롭다는 한 노인은 더는 할 말을 잃어버렸답니다.

산의 뱀들을 부리는 신이 그 이야기를 듣고서는 그가 그 일을 그만두지 않을까 걱정이 되어 그 사실을 천제天帝에게 보고했답니다. 천제는 그의 정성에 감동하여 신통한 힘을 지닌 과아씨夸蛾氏의 두 아들에게 명하여 두 산을 등에 져서 하나는 삭동朔東에 옮겨놓고, 하나는 옹남雍南에 옮겨놓게 하였습니다. 이로부터 기주의 남쪽과 한수의 남쪽은 가로막히는 일이 없었답니다.

# 12궁을 알면 사업운이 보인다

사업운을 파악할 때는 아래턱에 위치한 노복궁奴僕宮과 양 눈썹의 끝에 위치한 천이궁遷移宮을 살펴봐야 합니다.

『마의상법』에서는 "노복궁은 턱의 좌우에 위치해 있는데, 입이 넉 사四 자 모양이면서 얼굴의 형태가 둥그스름하면서 풍만하면 부하들이 무리지어 따르고, 한 번 부르면 수백 명이 응답하는 상입니다. 이는 재상의 권세를 잡을 운입니다. 그러나 턱이 뾰족하거나 비뚤어져 있으면 은혜로움을 받아도 원수가 되기 쉽습니다"라고 하였습니다.

또 천이궁에 대해서는 "이곳이 원만하고 풍요로우면 호화로우면서도 찬란한 생활로 근심 걱정이 없게 되며, 눈꼬리 부위가 평평하면 노후에 남의 존경과 선망을 받게 됩니다. 그러나 이곳이 치우치고 비뚤어진 사람은 자는 집을 자주 옮기게 됩니다"라고 하였답니다.

『상리형진』에서는 "수하에 부하가 많으려면 턱이 풍부해야 하지만,

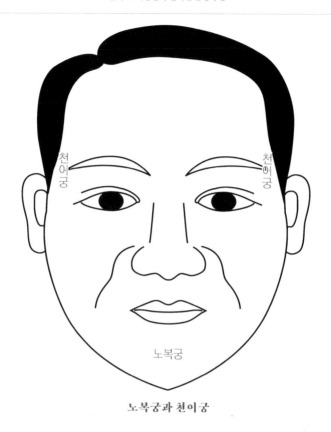

**노복궁과 천이궁**

그곳에 무늬가 있거나 흉터가 있으면 노복들을 잃어버리고 또한 기르던 소나 말조차도 달아나버릴 것"이라고 하였답니다.

또한 "지각 부위가 뾰족하고 이지러지면 은혜를 받았어도 도리어 원수와 같은 원망을 부르게 됩니다. 노복궁에 푸른 기색이 드리워 있으면 가축이 질병에 걸리고, 자신 역시 질병에 노출되기 쉽습니다. 붉은빛이 감돌면 노복과 일꾼들에게 구설수가 돌고, 시시비비가 나돌아 시끄러운 일이 발생하며 전염병이 휩쓸 수도 있습니다"라고도 하였습니다. 또

"노복궁이 좋아야 아랫사람을 많이 거느리게 됩니다. 노복궁은 턱 밑의 지각 부위를 말합니다"라고 언급하고 있습니다.

그리고 양 눈썹의 끝인 "천이궁이 윤택하고 밝은 기색이 돌면 들고남이 자유로워 온 세상을 두루 다니면서 베풀 수 있으니, 벼슬은 높고 그 지위가 탄탄대로일 것입니다"라고도 하였답니다.

사업가는 사람을 부리는 사람입니다. 노복궁을 살펴보면 남에게 부림을 받게 되는지 아니면 남을 부리며 살게 되는지를 판단할 수 있으므로, 사업운을 가늠하기 위해서는 노복궁을 꼭 살펴봐야 합니다. 그리고 사람이 얼마나 잘 따르느냐 등을 알아보기 위해 천이궁도 살펴야 합니다.

하지만 사업운 역시 자신의 노력여하에 따라 그 운이 천차만별이랍니다. 앞서 말했듯이 관상은 달라질 수 있으니, 좋은 사업가가 되기 위해 스스로 노력해야겠습니다.

# 성공하는 사업가는 뭐가 다른 걸까?

사업가로 성공하고 싶은 사람들에게는 롤모델이 있을 겁니다. 이건희 회장처럼 많은 돈을 버는 사업가가 되고 싶은 분도 있을 테고, 그렇게 많은 돈을 벌지는 않더라도 존경받는 사업가가 되고 싶은 분도 있을 겁니다. 여기서는 오늘날까지도 존경받고 있는 유일한 박사를 소개할까 합니다.

유한양행은 15년 연속 한국에서 가장 존경받는 기업으로 선정된 제약회사입니다. 이 회사의 창업자는 독립운동가이자 대한민국 건국훈장을 받은 유일한柳一韓, 1895~1971 박사죠. 유한양행의 대표 제품으로는 소염진통제인 '안티푸라민'이 있는데, 1933년 출시된 이후 80여 년 동안 대한민국 대표 상비약으로 자리 잡았으며, 2013년에 매출 100억 원을 돌파했고 2015년에는 130억 원을 기록했습니다. 그 외에도 살충제인 '해피홈', 동물 사료인 '웰니스', 각종 생활용품 등을 판매하며 제약

업계 매출 상위권을 유지하고 있답니다.

1905년 미국 샌프란시스코에 도착한 소년 유일한은 곧 네브래스카 주의 커니에 정착하고 초등학교에 입학했습니다. 그는 발전기 회사에서 일한 경험을 살려, 1919년 대학을 졸업한 뒤 제너럴 일렉트릭에 취직합니다. 1922년 사표를 내고 직장생활을 하며 모아둔 자금으로 숙주나물 통조림을 제조하는 식품회사 라초이를 설립하였습니다.

그러나 제품이 알려지지 않자 유일한은 시내 대로변의 유명한 가게의 쇼윈도에 트럭을 들이받아 일부러 교통사고를 냈답니다. 트럭에 실린 숙주나물이 도로변에 쏟아졌고 이 사건으로 숙주나물 통조림을 기자들이 소개하도록 하여 미국인, 특히 숙주나물을 조리하여 먹는 중국계 미국인들의 관심을 모았죠. 이처럼 기지를 발휘한 덕분에 사업은 번창했고, 중국계 미국인 여성이자 소아과 의사인 호미리와 결혼을 했습니다. 1925년에는 서재필과 함께 New Il-han & Co.를 설립하기도 했는데, 서재필은 훗날 유일한이 귀국할 때 유한양행의 버드나무 CI를 제작해 주었습니다.

유일한은 미국에서 학업도 이어갔는데, 미시간대학교에서 학사학위를, 캘리포니아대학교에서 석사학위를 받은 뒤 스탠포드대학원에서 3년간 법학을 전공하였습니다. 1926년에 귀국하여 서울 종로2가에서 유한양행을 설립했죠. 그가 사업을 시작한 이유는 라초이 식품회사를 경영할 때 필요한 녹두를 구입하기 위해 중국에 갔다가 북간도에서 거주하던 부모와 동생들을 만난 일 때문이었습니다. 그의 부모는 큰 아들 유일한이 보내준 100달러로 땅을 사서 생계를 유지할 수 있었지만, 대다

수의 조선 사람들은 그렇지 못해서 병에 걸리거나 굶어 죽는 경우가 많았습니다.

그래서 유일한은 당시 한국인들의 건강에 도움이 되는 약품들을 만들었습니다. 이전에는 미국에서 약품을 수입하여 팔던 유한양행은 1933년 처음 개발하여 판매한 제품인 진통소염제 안티푸라민, 혈청 등을 판매했습니다. 부인 호미리 여사는 중일전쟁으로 조선인들이 의약품이 부족해 고통받자, 소아과 병원을 개업하여 저렴한 치료비를 받고 환자들을 치료하였답니다.

1941년 12월 7일 일제의 진주만 폭격으로 태평양전쟁이 발발하자 유일한은 미군 전략정보처oss의 한국 담당 고문으로 활약하기 시작하였습니다. 특히 소년병학교 출신으로 대일 무장투쟁과 독립군 양성의 필요성을 공감하고 있던 그는 재미한족연합위원회가 맹호군猛虎軍을 편성하는 데 크게 기여했답니다. 같은 해 8월 29일 LA시청에 태극기를 게양하는 현기식에 재미한족연합위원회 집행부 위원장 김호와 함께 참석하여 중경임시정부의 축사를 낭독하기도 하였죠. 이는 재미 한인동포들이 일본 국민이 아니라 대한민국임시정부의 국민임을 공식적으로 인정받는 감격의 순간이기도 하였답니다.

광복 이후 유일한은 1946년 7월 미국에서 귀국한 뒤 유한양행의 사장과 회장 그리고 대한상공회의소의 초대회장으로 활동하면서 경제 발전에 크게 이바지하였죠. 아울러 1964년 유한공업고등학교 등을 설립하고, 자신이 소유한 주식을 각종 장학기금으로 출연하는 등 사회 환원에도 힘썼습니다. 특히 1969년 은퇴하면서 혈연관계가 없는 조권순에게 경영권을 인계함으로써 전문경영인 시대의 서막을 열었답니다.
또한 우리나라에서 최초로 종업원 지주제를 실천했습니다. 유일한은
1971년 3월 11일 76세로 운명하였는데, 1995년 대한민국 정부는 그에
게 건국훈장 독립장을 추서하였답니다.

기업을 설립하여 큰 부를 축적한 그였기에 세상 사람들의 관심은 자
연스럽게 그의 유언장으로 쏠렸습니다. 그의 유언은 편지지 한 장에 또
박또박 큰 글씨로 적혀 있었죠.

손녀에게는 대학 졸업까지 학자금 1만 달러를 준다.
딸에게는 학교 안에 있는 묘소와 주변 땅 5천 평을 물려준다. 그 땅을 동산
으로 꾸미고, 결코 울타리를 치지 말고 중고교 학생들이 마음대로 드나들
게 하여, 그 어린 학생들이 티 없이 맑은 정신에 깃든 젊은 의지를 지하에서
나마 더불어 느끼게 해달라.
내 소유 주식은 전부 사회에 기증한다.
아내는 딸이 그 노후를 잘 돌보아주기 바란다.
아들은 대학까지 졸업시켰으니 앞으로는 자립해서 살아가거라.

그 많은 재산을 사회에 환원하라는 유언장은 모두를 놀라게 했지만,
그의 삶을 돌아보면 충분히 가능한 일이었습니다. 그는 일제강점기에
"건강한 국민만이 잃어버린 나라를 되찾을 수 있다"며 유한양행을 설
립했습니다. 그의 숭고한 뜻을 가슴 깊이 새기며 살아왔던 딸 유재라 씨
도 1991년 세상을 떠나며 전 재산을 사회에 기증하였답니다.

끝으로 존경받는 사업가가 되고 싶다면 유일한 박사가 남긴 다음과 말을 귀담아 들어야겠습니다.

"눈으로 남을 볼 줄 아는 사람은 훌륭한 사람입니다. 그러나 귀로는 남의 이야기를 들을 줄 알고, 머리로는 남의 행복에 대해서 생각할 줄 아는 사람은 더욱 훌륭한 사람입니다."

# 사업가라면 화광동진해야

부화뇌동附和雷同, 일희일비一喜一悲 등 한 조직을 이끄는 사업가라면 유의해야 할 말들이 많은데, 좋은 사업가가 되기 위해서는 어떻게 해야 할까요?

사업가라면 화광동진和光同塵해야 합니다. 노자는 『도덕경』 제56장에서 화광동진, "그 빛을 부드럽게 하고, 세속사람들과 함께하는 것和光同塵"을 강조하고 있습니다. 화광동진이란 '밝게 비치는 빛을 부드럽게 누그러뜨리고 뭇사람들과 어울려 지냄'을 말한 것으로, '자신의 지혜나 지식을 자랑하지 않고, 오히려 부드럽게 감추고 속세의 사람들에 동화同化되어 허물없이 살아감'을 말한 겁니다.

노자는 『도덕경』에서 네 종류의 지도자에 대해 말하고 있습니다.

가장 훌륭한 지도자는 백성들이 그 존재 정도만 알고 있는 사람이며, 그 다음은 백성들이 가까이하고 칭찬하는 지도자, 그 다음은 백성들이 두려워하는 지도자, 가장 나쁜 것은 백성들에게 업신여김을 받는 지도자다.

이 말을 좋은 사업가가 되기 위한 방법으로 받아들인다면 다음과 같습니다.

가장 훌륭한 사업가는 자신의 존재를 과시하거나 뽐내지 않고, 직원들 모르게 뒤에서 자연스럽게 문제를 해결하니, 직원들이 불만을 품지 않습니다. 즉 최고의 사업가는 노자가 최고의 덕목으로 여긴 무위자연 無爲自然을 실천하는 지도자라 할 수 있답니다. 이런 사업가는 잘되면 직원 탓이라고 생각하고 안 되면 내 탓이라고 생각합니다.

그 다음의 사업가는 직원들에게 친숙할 뿐 아니라 칭찬받는 사업가랍니다. 요즘과 같이 SNS가 발달한 시대에서는 소위 '인기 짱'인 사업가죠. 그러나 이런 사업가들은 무위자연을 실천하지는 못합니다. 때때로 자신의 업적을 과시하곤 하는데, 직원들은 이러한 사업가에게는 존경심을 느끼지 못합니다. 앞에서는 아부하겠지만 뒤에서는 별로라고 생각할 겁니다.

그 다음의 사업가는 직원들에게 무서운 사업가입니다. 실적이 안 좋은 직원들을 가차 없이 꾸짖거나 인사고과에 반영하는 사업가는 소위 말하는 독재자형 사장입니다. 이러한 사업가는 그 누구도 따르지 않습니다.

그 다음의 사업가는 자신과 가족의 잇속만을 챙기는 사업가입니다. 회사 사정이 안 좋을 때는 한 가족이라고 외치며 고통분담하자고 하며,

회사 사정이 좋을 때는 직원들과 이익을 나누려 하지 않는 사업가입니다. 이런 사업가는 직원들에게 부도덕한 사람으로 통하게 됩니다. 이런 회사에서는 그 누구도 일하고 싶어 하지 않습니다.

필자가 아는 한 사업가는 첫 번째 유형의 사업가입니다. 그분을 만날 때마다 관상을 살펴보면 노복궁과 천이궁이 갈수록 좋아지고 있는데, 사업 역시 번창하고 있습니다. 요즘 사업하시는 분들 중 어렵지 않다고 말하는 분들이 드문데, 그분의 사업은 나날이 매출도 늘고 직원도 늘고 있습니다. 그분은 늘 직원들과 구내식당에서 대화를 하며 화기롭게 식사를 하고, 상사로서의 권위를 버리고 마치 다정한 형님처럼 포근하게 감싸줍니다.

이러한 분들의 얼굴에는 늘 화기로운 기운이 흐르고 있어 마주한 사람들에게도 화평한 기운을 전달하죠. 그러니 얼굴뿐만 아니라 몸 전체에서도 가까이 다가가고 싶은 감정이 일게 됩니다. 성공한 사람들의 면면을 살펴보세요. 뭔가 색다른 느낌이 들지 않나요?

당신은 어떤 유형의 사업가입니까? 당신이 사업가라면 어떤 유형에 속할지 곰곰 생각해 보세요.

그런데 우리 사회에는 아직도 세 번째 또는 네 번째 유형에 속하는 사업가들이 많은 것 같습니다. 이런 사업가들은 잘되면 내 탓이라고 생각하고 안 되면 직원 탓이라고 생각합니다. 하지만 사업가라면 도량度量이 커야 합니다. 사업가라면 항상 자신의 현재 모습과 행태, 습관 등을 되짚어볼 필요가 있습니다. 그러면서 자신으로 인해 문제가 발생한 것은 아닌지 반성해 봐야 합니다.

사업을 하다 보면 이런저런 문제들이 생기게 마련입니다. 문제가 생길 때마다 자기 자신이 아니라 직원들 때문에 문제가 생겼다고 생각한다면 사업가로서 성장할 수 없습니다.

좋은 사업가가 되기 위해서는 자기 자신부터 바라봐야 합니다. 평소에 우리의 감각기관은 분주히 변화되는 외부 세계의 정보를 수집하는 데 몰입하는 경우가 많아 자칫 또 하나의 소우주인 나 자신을 바라보는 데 소홀한 경우가 많은 것 같습니다. 그러다 보니 정작 중요한 자신의 몸과 마음이 균형을 잃고 허둥대는 경우가 생기게 되죠.

나 혹은 내 몸을 떠난 마음은 나를 알아차릴 수가 없습니다. 나를 떠나 밖의 세상에 온통 정신이 팔려서는 나 자신을 바라볼 수 없을 겁니다. 나를 바라볼 줄 알아야 근본적인 문제들을 해결할 수 있을 겁니다.

# 고정관념이 사업운을 망친다

제4부에서 고정관념이 직업운을 망친다고 했는데, 고정관념은 사업운도 망칩니다.

한 기업을 운영하려면 고정관념에 사로잡혀서는 안 됩니다. 융통성과 폭넓은 시야를 갖추어야 사업에 성공할 수 있습니다. 그런데 그것이 말처럼 쉽지는 않은 것 같습니다.

필자의 지인 중에는 중견기업을 운영했던 박 사장이 있습니다. 사업 초기에는 직원들이 많지 않았는데, 그들과 동고동락하며 누가 사장이고 직원인지 모를 만큼 열심히 일했답니다.

그러나 사업이 확장되면서 직원 수가 늘어나자 그는 초심을 잃고 권위적인 사람으로 변해 가기 시작했습니다. 직원에 대한 배려는커녕 자신만의 과도한 규범을 내세우며 직원들을 몰아세웠답니다. 자기만의 고정관념에 빠져버린 것이죠.

그러자 직원들은 사장이 초심을 잃었다고 생각하며 뒤에서 수군거리며 낙담을 내뱉기 시작했고, 사내 분위기는 얼어붙기 시작했답니다. 결국 회사는 매출감소와 함께 부도를 맞아 폐업위기에 처해 버렸죠.

이렇게 한때 잘나가던 사업가가 몰락하게 되면 노복궁과 천이궁이 안 좋은 쪽으로 변하는 경우가 많은데, 박 사장의 경우도 그랬습니다. 그러니 지금 관상이 좋다고 해서 기뻐할 것이 아니라 스스로 노력해야겠습니다.

사업가들 중에는 어제 통하는 방식을 고집하는 사람이 종종 있는데, 어제 통하는 방식이 오늘도 통하지는 않습니다. 만사만물 중에 변화하지 않는 것은 이 우주공간에 아무것도 없기 때문입니다. 그래서일까요? 사업가에게 필요한 덕목으로 혁신이 떠오르게 되었습니다. 애플의 스티브 잡스는 신제품을 출시할 때마다 혁신적인 제품을 선보였고, 아마존은 온라인 서점으로 출발했지만 물류와 유통 분야 등으로 사업영역을 확장하고 있습니다. 삼성은 가전제품을 생산하는 데 그치지 않고 일치감치 반도체와 휴대폰 분야 등에 진출해 지속성장하고 있습니다. 이들은 모두 고정관념에 사로잡히지 않았기 때문에 지속성장하고 있는 것입니다.

사업에는 항구불변하게 절대적으로 적용시킬 수 있는 법칙은 없습니다. 변화하는 환경에 따라 방법을 달리해야 합니다. 앞에서 우리는 '상선약수上善若水'에 대해 알아보았는데, 사업가라면 사업을 물과 같이 유동적으로 해야 합니다.

노자는 『도덕경』 제49장에서 다음과 같이 말하고 있습니다. 여기서 성인을 사업가로, 백성을 직원으로 바꾸어 받아들여도 좋을 것 같습니다.

성인에게는 고정된 마음이 없으며, 백성의 마음을 자기의 마음으로 삼는다. 선한 사람에게는 나도 선하게 대하며, 선하지 않은 사람에게도 나는 또한 선하게 대해 주니, 덕과 선이 이루어진다. 믿는 사람은 나도 신뢰를 하며, 믿지 않는 사람도 나 또한 신뢰를 하니, 덕과 믿음이 이루어지는 것이다.

성인은 선과 악, 믿음과 불신을 이분법적으로 나누지 않고 세상 모든 것을 포용합니다. 그래서 성인은 모든 사람을 '갓난아이'처럼 대하는 것이죠. 갓난아이는 분별심 없이 해맑은 마음으로 사물을 대하기 때문에 독충에 쏘이지 않으며 금수禽獸와도 한데 어울려 놀 수 있답니다.

그러나 고정관념으로 가득 찬 어른들은 어떠한가요? 독충을 보면 '저놈이 날 물 거야'라며 적대감을 드러내기 때문에 쏘이고, 낯선 동물과 만나면 겁을 먹거나 혹은 죽이려 들기에 어린아이처럼 한데 어울릴 수가 없답니다.

사업가의 경우에도 마찬가지입니다. 직원들에게 선입견이나 고정관념을 갖는다면 그들과 어울릴 수 없습니다. 좋고 싫음, 즉 호불호好不好가 분명할수록 직원들과 더불어 일할 수도 없고, 새로운 일을 시도하는 데도 어려움을 겪을 것입니다.

# 사업가라면 말을 아껴야

말싸움에서 "목소리 큰 놈이 장땡"이라는 말이 있습니다. 과연 그럴까요? 그것은 자연을 거스르는 무법천지에서나 통하는 얘기랍니다. 자연의 도에 부합하며 살아가는 사람들은 그저 빙그레 미소를 지을 뿐 말이 없답니다. 빈 깡통이 요란하다고 했습니다. 인간의 도리를 잘 갖춘 사업가일수록 자신을 낮춥니다. 자신을 낮추는 하심下心을 갖춘 사람이 결국엔 이깁니다. 왜냐하면 그것이 자연의 순리이기 때문이죠.

그래서 노자는 『도덕경道德經』 제23장에서 이렇게 말합니다.

"말을 아끼는 것이 자연의 도道입니다. 그러므로 거친 회오리바람도 아침 내내 불 수 없고, 폭우도 하루 종일 내릴 수 없습니다. 누가 이렇게 하는가요! 하늘과 땅입니다. 하늘과 땅도 이처럼 오래도록 할 수 없거늘, 하물며 사람이 어찌 그리할 수 있겠습니까?"

또한 노자는 『도덕경』 제43장에서 말 없는 가르침인 불언지교不言之

敎에 대해 말합니다.

"천하에 가장 부드러운 것이 세상에서 가장 견고한 것을 파고듭니다. 형체 없는 것은 틈이 없는 곳에도 들어갈 수 있습니다. 나는 이 때문에 인위적으로 하는 일이 없는 무위無爲의 유익함을 알고 있습니다. 말 없는 가르침과 인위적으로 하는 일이 없는 무위의 유익함이 천하 세상의 임금에게까지 미치는 일이 드뭅니다."

이에 대해 하상공은 다음과 같은 주석을 달고 있습니다.

"세상에서 가장 부드러운 것은 물입니다. 가장 견고한 것은 쇠와 돌입니다. 물은 견고한 것을 관통하고 단단한 것을 뚫고 들어가니, 통하지 못하는 것이 없습니다. '형체 없는 것'이란 도를 말합니다. 도는 형체와 질감이 없기 때문에 틈이 없는 곳에도 들고날 수 있어 신명과 통하고 여러 생명을 구제할 수 있습니다. 나는 도의 인위적으로 하는 일이 없는 무위와 만물이 스스로 조화되어 이루어짐을 보니, 이 때문에 무위가 사람에게 유익함을 알고 있다는 겁니다. 도의 말 없는 가르침을 본받아 몸으로써 실천합니다. 도의 인위적으로 하는 일이 없는 무위를 본받아 몸을 닦게 되면 정과 신에 유익하고, 나라를 다스리게 되면 만백성에게 유익합니다. 수고롭거나 번거롭지 않기 때문입니다. 천하天下는 임금을 뜻합니다. 도의 인위적으로 하는 일이 없는 무위로 몸을 닦거나 나라를 다스릴 수 있는 군주가 드물다는 겁니다."

그렇습니다. 사업가라면 불언지교不言之敎를 실천해야 합니다. 부하직원을 가르치기 위해 불필요한 말을 내뱉지 말고 부하직원들이 자연스럽게 믿고 따를 수 있도록 해야 합니다. 마찬가지로 회사 밖에서도 말을 아껴야 합니다. 굳이 "내가 잘났다"고 말로 표현하지 않더라도 그 사람의 됨됨이가 얼굴표정과 행동 등 몸가짐으로 전달되기 때문입니다.

# 제6부

## 애정운이 풀리는
## 운명독법

# 동양고전에서 찾은 애정운

남녀 간의 사랑은 연애戀愛를 시작하면서 무르익게 되는데, 요즘은 "사랑이 무르익는다"는 표현이 무색해진 것 같습니다. 좀체 가슴 절절한 사랑 이야기를 듣기 힘든 세상이 되었으니 말이죠. 요즘의 사랑은 즉흥적이고 인스턴트식입니다. 가장 중요한 애끓는 마음이 없는 것 같습니다. 그러나 연애戀愛라는 한자에는 참으로 순애보적인 사랑이 깃들어 있습니다.

연애戀愛는 사모할 戀연 자와 사랑 愛애 자가 합쳐진 단어입니다. 사모할 戀연 자는 실 사絲와 말씀 언言 그리고 마음 심心으로 짜여 있습니다. 평소에는 무뚝뚝한 사람도 사랑에 빠지면 뭐가 그리 할 말이 많은지 밀어蜜語를 나누는 데 쉼이 없습니다. 실꾸리絲에서 실이 풀어져 나오듯 끊임없이 말言이 나옵니다. 그런데 가슴心에서 우러나오는 말이 아니라 입에서만 나오는 말이라면, 진정 사모하는 마음이 아니라 '심심한

데 어디 한 번 꼬셔나 볼까' 하는 행각을 벌일 가능성이 높습니다. 따라서 사모思慕하는 마음이 절절해야 진정한 사랑이 이루어질 것입니다.

사랑 愛애 자는 손톱 조爪 와 덮을 멱冖 그리고 마음 심心과 천천히 걸을 쇠夊로 구성되어 있습니다. 사랑은 줄다리기라는 말처럼 일방적이어서는 마음의 문을 열기가 쉽지 않습니다. 상대방의 닫힌 마음冖 + 心을 온갖 수단을 동원하여 얻으려는데爪, 상대는 마음을 줄듯 말듯 아주 천천히 다가오는 것夊이 오래가는 사랑법이라는 거죠.

결국 연애戀愛란, 밤을 새며 사랑을 속삭여도 마음 깊숙한 곳에서 끝없이 애정 어린 말이 솟아나며, 서로의 마음을 얻으려고 애간장이 녹아들어야 하는 것이 아니겠습니까?

그렇다면 동양고전은 사랑에 대해 어떻게 이야기하고 있을까요? 『장자莊子·외편外篇』 제20편 「산목山木」에는 다음과 같은 내용이 있습니다.

양자가 송나라에 가서 여관에 묵게 되었습니다. 여관의 주인에게는 첩둘이 있었는데, 한 사람은 미인이었고 다른 한 사람은 못생겼답니다. 그런데 못생긴 여자가 귀여움을 받고 미인은 천대를 받고 있었습니다. 양자가 그 까닭을 물으니 여관 주인이 대답합니다.

"예쁜 여자는 스스로가 아름답다고 자랑을 해대니 나는 그녀가 아름다운 줄 모르겠고, 못생긴 여자는 스스로가 추하다고 여기니 나는 그녀가 추한 줄 모르겠습니다."

이에 양자가 제자들을 불러놓고 말합니다.

"너희들은 잘 기억해 두거라. 현명하게 행동하면서도 스스로가 현명하게 처신한다는 마음을 버리게 되면 어디를 가나 사랑받지 않겠느냐?"라고 말입니다.

사랑 역시 상대를 배려하지 않고 자만심에 빠지면 얻을 수 없습니다. 그렇다면 애정운이 좋아지게 하려면 어떻게 해야 할까요? 제6부에서는 그에 대해 알아볼 겁니다.

# 12궁을 알면 애정운이 보인다

애정운을 파악할 때는 남녀궁男女宮과 처첩궁妻妾宮을 살펴봐야 합니다. 남녀궁은 좌우 두 눈 밑의 누당淚堂과 누에가 누워 있는 듯한 와잠臥蠶에 위치해 있으며, 처첩궁은 눈꼬리 부위부터 살적 부위까지를 말합니다.

『마의상법』에서는 남녀궁에 대해 "삼양三陽: 태양太陽, 중양中陽, 소양少陽이 결함 없이 두둑하면 자손이 많을 뿐 아니라 복되고 영화로운 삶을 누릴 수 있고, 너무 솟지 않고 은은하게 그 형체를 이루고 있으면 탐욕 없이 존귀하게 되는 청귀淸貴를 이루게 됩니다. 눈물이 나오는 누당이 깊게 패이고 오목하면 아들딸과의 인연이 드물고, 검은 사마귀가 있거나 잔주름이 많으면 늘그막에 자녀들이 어려움에 처할 수 있습니다. 입이 모닥불을 불 때처럼 도톰하면 홀로 향긋하고 향기가 나는 방에 앉을 것이요, 그런데 만약 인중에 오목한 데가 없이 평평하면 자손을 얻기 어

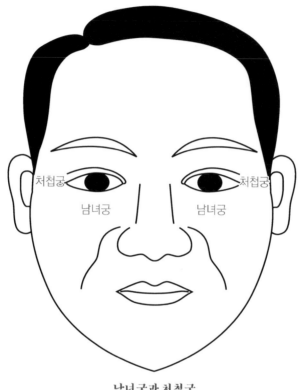

**남녀궁과 처첩궁**

려운 채 노년을 맞이합니다"라고 풀이하고 있습니다.

남녀궁에 대해 『상리형진』에서는 "눈 밑의 와잠 부위가 분홍빛이 나고 윤택한 사람은 남자아이가 많을 겁니다. 오른쪽이 메말라 있으면 여자아이에게 해롭고, 왼쪽 와잠 부위에 주름이 있으면 귀한 아들을 두게 될 겁니다. 이곳에 푸른빛이 드리운 채 불씨가 죽은 잿빛과 같으면 자녀에게 액운이 따릅니다. 이곳에 누런빛이 드리워 있으면 자녀들에게 경사스러운 일이 생기고, 여기에 자줏빛이 비치면 귀한 자녀를 낳는 기쁨이 따르게 됩니다. 만약 흰빛이 보이면 자녀에게 상극이 되고, 검은 기색이 드리우면 질병이 들거나 수마의 재앙이 뒤따르게 됩니다. 또한 흰빛과 검은빛이 드리워 있으면 남녀 간 애정에 문제가 발생하고, 분홍빛과 누런 기색이 보이면 기쁜 일이 생길 징조입니다"라고 하였습니다.

또 처첩궁에 대해 『마의상법』에서는 "처첩궁은 어미와 간문의 위치에 있는 것이니, 어미는 눈꼬리가 있는 부위입니다. 이곳의 기색이 윤택하고 피부에 주름이 없어야 좋은 것으로써 아내의 온전함을 알 수 있습니다. 이곳이 풍성하고 점이나 주름이 없으면 아내를 얻은 뒤 재물이 풍족하게 되고, 만약 간문에 검은 기색이나 잔주름이 나 있으면 남녀 간에 방탕하고 음란할 수 있게 됩니다"라고 하였습니다.

처첩궁에 대해 『상리형진』에서는 "간문 부위의 기색이 푸르면 질병과 함께 근심 걱정이 따르게 됩니다. 붉은빛은 부부간에 구설이 따를 수 있고, 흰빛이 드리우면 아내가 사통할 수도 있으며, 검은 기색이 보이면 재앙과 함께 험한 일을 당할 수도 있답니다. 그러나 홍윤색과 함께 누런 기색이 있다면 부부가 오래도록 해로할 수 있을 것"이라고 하였습니다.

부부간의 애정운이 좋아지기 위해서는 부부간의 소통이 중요합니다. 서로 간의 소통이 원활하다면 그야말로 '부부간에 말다툼을 하더라도 칼로 물 베기'라 할 수 있죠. 그러나 소통이 원활치 않으면 마음을 숨기게 되고, 서로 간에 비밀이 많아질수록 원만한 부부관계를 유지하기 힘들게 됩니다. 요즘 들어 부쩍 이혼율이 높아지는 것도 부부간에 소통이 잘 이루어지지 않고 있다는 반증이기도 합니다.

부부간의 애정이 좋으면 "금슬이 좋다"고 말합니다. 금金은 금琴과

슬거문고 슬瑟은 고대 현악기로 음악을 연주할 때는 이 두 가지가 늘 붙어 다녔습니다. 이 둘이 조화를 이루어야만 아름다운 선율의 음악을 연주할 수 있었습니다. 그래서 금과 슬이 서로 정답게 화답한다는 뜻의 '금슬상화琴瑟相和'나 '금슬지락琴瑟之樂'과 같은 말이 생겨났죠. 보통 금은 크기가 작아서 여성이 연주하였으므로 아내를 상징하고, 슬은 크기가 커서 남성이 연주하였으므로 남편을 상징한답니다.

그러나 금과 슬이 조화를 이루지 못하고 불협화음不協和音을 내게 되면 듣기도 싫은 시끄러운 소리가 나게 되죠. 이러한 것을 '금슬부조琴瑟不調'라 하여 부부 사이가 좋지 않은 것에 비유하기도 합니다.

# 애정운, 지나쳐도 안 되고
# 부족해도 안 된다

부부는 닮아간다는 말이 있습니다. 단 이 말이 성립되려면 전제조건이 있습니다. 살면서 겪는 희로애락 喜怒愛樂을 공유할 때만 그 말이 가능해질 것입니다. 그리고 타고난 이목구비와 같은 형체가 근본적으로 바뀌는 게 아니라 표정이 닮아간다는 것이죠. 그런데 동일한 공간에서 함께 미소 짓거나 소리 내어 웃으면 두 사람의 근육 및 신경계 등이 동시에 연동된답니다. 그로 인해 얼굴표정이 서로 닮아가는 것입니다.

그래서 소통이 잘 이루어지는 부부를 보면 우애감이 깊은 오누이를 보는 것 같기도 합니다. 이런 부부는 늘 함께하면서 희로애락을 공유하기 때문이죠.

몇 해 전, 집 안에서는 물론 외출할 때도 늘 함께하는 부부를 만난 적이 있었답니다. 그들은 연애 초기처럼 주위에 누군가 있더라도 가벼운 스킨십과 함께 대화를 자주 나눕니다. 오가는 대화내용을 들어보니 별

것이 아닌 것 같지만 서로를 바라보며 깔깔대면서 잠시도 쉬지 않고 대화를 나누었습니다. 그래서 필자가 물었죠.

"그렇게도 좋습니까?"

남편은 미소를 지으며 아내를 그윽한 눈길로 바라보면서 말했습니다.

"그럼요! 우린 한시도 떨어져 살 수가 없답니다. 그래서 우린 장소와 시간을 불문하고 늘 함께한답니다. 이 사람이 곁에 없으면 일손이 안 잡혀요."

그러면서 다시금 손을 맞잡았습니다.

필자는 두 사람의 애정운을 나타내는 눈 밑 와잠과 눈꼬리 부위를 살펴보았더니, 밝고 맑은 홍윤색의 기운이 감돌고 있었습니다. 애굣살이라 할 수 있는 와잠도 도톰하게 잘 발달하였죠. 다만 아쉬운 것은 눈 끝자리인 간문奸門 부위와 물고기의 꼬리와 같다 하여 어미魚尾라고 하는 부위에 잔주름이 많았답니다.

간문과 어미는 와잠과 함께 부부간의 애정운을 보는 데 가장 중요한 부위입니다. 이 부위가 밝고 맑은 사람은 부부간에 화목합니다. 여성은 좋은 남편을 만날 수 있고, 남성은 좋은 아내를 만나게 됩니다.

그런데 이 부위에 주름살이 많거나 열십十 자나 우물 정井 자와 같은 무늬가 있다면 애정운이 희박하거나 어지럽게 된답니다. 부부간에 지향하는 것이 잘 맞지 않아 의견충돌이 잦고 서로에게 불만이 많게 됩니다. 남성이 그러한 형상이라면 폭언과 폭력을 행사하기가 쉽고, 여성이 그렇다면 불평불만이 많고 자칫 남편을 배신하고 바람을 피우기 쉽다고들 합니다.

　이 부부의 경우 애정운은 좋았지만 다른 문제를 안고 있었답니다. 과유불급이라 했습니다. 아무리 애정운이 좋다 해도 지나치면 문제가 발생하게 마련이죠. 간문과 어미에 잔주름이 많은 것으로 보아 지나친 부부관계가 문제였습니다. 그래서 이렇게 물었죠.

　"허리는 괜찮은가요?"

　"아니, 어떻게 알았어요. 우리 부부에게 고질병과 같은 것이 있다면, 바로 요통이랍니다."

　허리는 생식기능과 관련한 신장腎과 관련이 깊은데, 지나친 육체관계는 콩팥의 기능을 악화시켜 요통을 유발하기 쉽답니다. 그래서 이 부부에게 이 점을 일깨워주었답니다.

　반면에 부부간의 애정이 식으면 처첩궁의 빛이 흐려집니다. 이혼예정이거나 이혼을 한 부부의 와잠이나 처첩궁의 혈색을 살펴보면 흐릿하거나 검으면서 칙칙합니다. 보다 자세하게 남녀를 구분하여 들여다보기 위해서는 우음좌양右陰左陽의 원칙에 따라 여성은 음의 기운이 바탕이 된 우측의 눈을, 남성은 양의 기운의 바탕이 된 좌측 눈을 우선적으로 관찰해야 합니다.

　여성의 경우, 우측 눈 아래 와잠이나 처첩궁에 검은 점이 있거나 흉터 등이 있으면 여성 측에서 먼저 불평불만을 늘어놓기 쉽답니다. 반대로 좌측 눈에 그러한 현상이 드리워 있으면 남성 측에서 늘 불평불만을 쏟아낼 가능성이 높죠.

　이렇게 되면 불화가 악화되어 이별하기 쉽고, 이별하지는 않는다 하더라도 가정의 평화로움을 기대하기는 어렵습니다. 그러니 지혜로운 부부라면 매일 아침 상대의 얼굴 기색까지는 아니더라도 혈색이라도 살펴 미연에 불화의 빌미를 없애야 합니다.

부부간의 불화는 아주 사소한 것에서부터 비롯되는 경우가 대부분입니다. 상대의 얼굴을 살펴며 대화를 하면 말싸움으로 번지는 경우는 드물게 됩니다. 그렇지만 상대의 얼굴표정을 살피지도 않고 자기만의 주장을 펼치다 보면 서로 소통하지 못하니 원만한 대화는커녕 소리를 내지르게 되죠. 그것이 격화되다 보면 서로 손찌검이 오가고 집 안의 기물을 파손하는 지경에도 이르게 되는 것 같습니다.

이혼한 사람들의 이야기를 듣다 보면 소통의 부재가 가장 큰 원인인 경우가 많은 것 같습니다. 소통이 안 되다 보니 각자 답답한 심정을 풀 수 있는 대상을 찾게 됩니다. 처음엔 동성의 친구들과 가슴에 쌓인 감정을 풀기도 하지만 대부분 한시적인 것 같습니다. 결국 이성에 대한 갈증을 채우기 위해 이성을 찾게 되는 것 같습니다. 새로운 이성을 사귀게 되었다는 한 여성이 한 말입니다.

"부부 사이에선 느낄 수 없었던 새로운 감정이 새록새록 싹트면서 소녀 시절의 감정이 가슴에 일렁이며 말할 수 없는 어떤 충만감에 하루하루가 새로웠답니다. 그러다 보니 한때는 하늘 같았던 남편이 하찮아지면서 남편에 대한 관심도 줄어들게 되었죠. 물론 시댁과의 관계도 서먹서먹해지고 관심 밖으로 밀려나게 되었답니다. 현재 한 지붕 아래 살고는 있지만 남남이나 다름없답니다."

연애를 할 때는 관심의 대상이 서로에게 국한되기 때문에 애정전선에 장애물이 별로 없습니다. 그러나 결혼을 하여 한 가정을 꾸리면 신경 써야 할 대상이 급격하게 늘어납니다. 우리나라의 경우, 유교문화의 영향으로 남성보다는 여성에게 그 부담이 훨씬 늘어나는 게 일반적입니다. 예전에 비해 상황이 나아지기는 했지만 아직도 여성에게는 시댁과의 관계가 큰 부담이 됩니다. 시댁과의 관계불화로 이혼한 한 여성이 다음과 같이 말했습니다.

"그 사람만 놓고 보면 우리 간엔 전혀 문제될 게 없었어요. 그런데 시댁 식구들이 시도 때도 없이 들이닥치거나, 사사건건 참견하는 건 참을 수가 없더라구요. 그러다 보니 시댁 식구들과 헤어지고 나면 제가 참을 수 없어 푸념을 하다 보면 언성이 높아지고, 결국엔 감정싸움으로까지 격화되곤 했던 것 같아요. 이러한 일이 쌓이다 보니 결국엔 갈라서게 되었죠."

우리 주변엔 이와 같은 일이 의외로 많이 벌어지는 것 같습니다. 연애 시절의 감정을 유지하기가 쉽지 않은 것 같습니다. 결국 부부 사이에 사랑이 식지 않으려면 앞에서 소개한 연애戀愛라는 한자의 뜻을 되새겨야 할 것입니다.

# 고정관념이 애정운을 망친다

앞에서 우리는 고정관념이 직업운도 사업운도 망친다고 알아보았는데, 고정관념은 애정운도 망칩니다.

30대 후반의 남성이 제 강의를 듣고서는 상담을 요청해 온 적이 있었습니다. 자기도 남들처럼 결혼을 하고 싶은데 만나본 여성들마다 몇 번 만나보곤 딱지를 놓는다는 것이었습니다. 그러면서 자신에게 무엇이 문제인지 모르겠다며 답답해 미치겠다고 합니다.

그의 외모나 스펙을 보면 나무랄 데가 없었습니다. 그런데 그에게는 심각한 문제가 있었습니다. 배우자에 대한 고정관념이 지나치게 확고했던 것입니다. 그는 조선시대에나 통용될 만한 결혼조건을 내세웠고, 인간관계 역시 자기중심적이었죠. 그래서 물었습니다.

"회사생활은 어떻습니까?"

"연구소에 근무해서 특별하게 친목을 도모할 일은 없지만, 왕따를 당하고 있다는 느낌이 들기도 합니다. 그렇다고 뭐 크게 문제될 것은 없습니다. 제 일은 잘하고 있으니까요."

그는 이성관계에서 특히나 문제가 있었습니다. 소개팅이나 맞선을 보는 자리에서도 이성에게 마음의 문을 쉽사리 열지 않았습니다. 자기 정도의 외모나 스펙이라면 전혀 기죽을 게 없다고 생각한 나머지 상대를 배려하지 않았던 것입니다.

하지만 마음의 문을 열지 않고서는 다른 사람을 받아들이기가 어렵습니다. 물질이든 마음이든 오가는 게 있어야 대인관계는 물론 남녀 간의 연애도 성사되는 법이죠.

그래서 필자는 30대 후반의 그 남성에게 다음과 같은 이야기를 해주었습니다.

"남녀 간의 애정에 있어서는 물론 다른 사람과의 관계에 있어서도 사사로움이 끼면 오래갈 수가 없습니다. 결혼을 목적으로 이성과 만나다 보니 진심으로 마음을 열고 소통하지 못해서 상대방에게 거부감이 들게 한 것이 아닐까요?"

"그렇긴 하죠. 소개팅이나 맞선 자리에는 결혼상대를 구해야겠다는 목표를 갖고 나갔으니까요."

"진정한 소통이 이루어지려면 상대를 통해 무언가를 얻으려는 이기심을 비워야 합니다. 쉽지 않은 일이지만 '마음을 비워라'는 말은 어제 오늘만 회자膾炙된 말이 아닙니다. 이 말은 관계를 지속시키는 데 중요한 바탕이 된답니다."

그러면서 그에게 『장자』「인간세편」에서 공자와 안회가 나눈 대화를 이야기해 주었습니다. 이 이야기는 심재心齋, 즉 인간의 삿된 감각이나 의식을 잠재우고 마음을 화평하게 하며 허심탄회하게 소통할 수 있는 방법론을 제시하고 있습니다. 공자와 안회가 나눈 대화는 이렇습니다.

> 안회: "그렇다면 감히 심재에 대해 여쭙겠습니다."
> 공자: "만약 너의 의지를 한결같이 한다면, 귀로써 듣지 않고 마음으로써 들을 수 있으며, 마음으로써 듣지 않고도 기로써 들을 수 있게 된다. 종국에는 귀로 듣는 것을 멈추고 마음으로 함께하는 것도 그쳐야 한다. 기라는 것은 마음을 비워야만 사물을 대할 수 있는 것이다. 오직 도는 비웠을 때만이 모이는 것이며, 그 비움이 곧 심재心齋란다."

공자와 안회는 심재, 곧 사물은 물론 다른 사람과 어떻게 하면 잘 소통할 수 있느냐의 문제를 이야기하고 있는 겁니다. 우리는 살아오면서 다양한 경험과 학습으로 인해 자기만의 편견 혹은 고정관념을 갖게 됩니다. 그러한 관념은 알게 모르게 나만의 성을 쌓게 되고, 색안경을 만들어주며 올바로 보지 못하게 합니다. 그러니 귀로만 들으면 고정된 감각이나 감정이 개입될 수 있고, 그렇게 된다면 진실된 소통은 이루어지기 어렵습니다.

때문에 여기서 말하는 기라는 것은 자신의 감정이나 관념이 개입되지 않은 상태이며, 아집을 부리지 않고 사사로움이 없는 것을 이르는 겁니다. 자신의 고정관념을 버리면 갈등葛藤이 조장되지 않습니다. 그것이 바로 올바르게 소통할 수 있는 조건이자 자신의 심신을 평화롭게 하는 방법입니다. 자신의 사사로운 마음을 비우지 않고 어찌 온전하게 남과 소통할 수 있겠습니까!

필자는 이러한 말을 그 남성에게 해주면서 다음과 같이 말을 이어갔습니다.

"더구나 살을 섞고 평생을 해로偕老할 대상이라면 더더욱 그러할 겁니다. 남녀 간의 연애뿐만 아니라 다른 사람과의 돈독한 관계를 위해서라도 소통이 필요합니다."

# 애정운, 시련이 찾아오더라도
# 스스로 이겨내야 결실을 맺는다

인위적으로 하는 일이 없이 자연스럽게 대자연의 순리에 따르면서 그 어떤 악조건 속에서도 생명력을 유지하는 것이 무위無爲입니다. 그러나 오늘날 우리의 현실은 어떠합니까? 자식을 한둘만 두어서인지 과잉보호를 합니다. 이렇게 자라난 자녀는 결혼해서도 부모의 그늘 속으로 기어드니 안타까운 일입니다.

또한 우리 식탁에 오르는 먹거리는 어떠합니까? 제철음식은 고사하고 온실 속에서 키워낸 식재료들이 사시사철 식탁에 오르고 있으니, 무위無爲 대신 인위人爲가 판을 칩니다. 식재료가 제철을 잃은 지 오래입니다. 철 없는 식재료를 먹어서인지 철없는 사람들도 늘어나는 것 같습니다.

일 년 사계 중 겨울은 만물이 생명력을 안으로 저장藏해 단단하게 내면을 다지는 시기입니다. 어찌 보면 고난의 시기라 할 수 있지만 더 나은 성장을 위한 하나의 매듭이자 마디입니다. 그래서 우리는 오랜 풍상을 겪은 노송이나 아름드리나무를 보면 은연중 숭상하는 마음이 일기도 합니다.

때로는 혹독한 시련이 필요한 법입니다. 우리 집에는 5년도 더 된 게발선인장이 있습니다. 얼마 전까지만 해도 꽃다운 꽃을 피워본 적이 없었답니다. 아내는 그게 불만이었죠. 그래서 나름 정성을 기울이며 햇볕이 잘 드는 곳에 놓아두고 물도 꼬박꼬박 주었다고 합니다. 그런데도 꽃을 피우지 않는다고 푸념했습니다.

그래서 선인장에게는 안되었지만 동사하지 않을 정도로 집 안에서 추운 곳에 방치해 놓았답니다. 그렇게 3개월여가 지났을까요. 아내가 밝은 목소리로 부르기에 가보았더니 선인장이 꽃망울을 피우기 시작하고 있었습니다. 생명 있는 모든 것은 나름의 사유를 하고 있습니다. 생명에 위기를 느끼면 종족보존본능을 발휘해 식물은 꽃을 피우고, 동물역시 더 많은 수의 세대번식을 시도합니다. 바로 생명의 법칙입니다.

고난과 시련은 밖으로 향했던 오감五感을 내면으로 향하게 합니다. 그러니 자연스럽게 자기성찰을 하게 해 내면이 충만하게 됩니다. 그래서 겨울은 겨울답게 보내야 하고, 시련과 고난 역시 회피하지 말고 받아들여 내면을 다져야 합니다. '왜 내게만 이러한 고통이 오는 거야'가 아니라 '과연 이 시련은 내게 무얼 가르치려 하는 걸까? 내게 주려는 메시지는 뭘까?'라고 생각한다면, 그러한 역경을 보다 슬기롭게 헤쳐 나갈 수 있는 지혜가 체득될 겁니다. 바로 긍정의 힘이 생기는 것이죠.

도심에 사는 사람이라면 누구나 텃밭에 대한 그리움이 있을 겁니다.

그래서 필자 역시 여러 해 전까지만 해도 집과 가까운 땅에서 텃밭을 가꾸어 왔답니다. 길러낸 것들을 이웃과 나누어 먹는 재미도 있었죠. 그런데 도시인의 습속 탓인지 주말에도 시간 내기가 어려워 마련한 장소가 옥상이었답니다.

요즘엔 옥상에 큰 화분 10여 개와 그보다 작은 화분 20여 개를 올려놓고 상추와 고추, 방울토마토, 방아<sub>배초향</sub> 등 손쉽게 키울 수 있는 채소 10여 가지를 기르고 있습니다. 폭염이 계속되는 날에는 하루라도 물을 주지 않으면 시들해집니다. 그래서 아침에 일어나면 호스를 연결해 물 주는 것이 일상이 되어버렸습니다.

그런데 가뭄을 겪으며 경이로운 자연의 현상을 목격할 수 있었답니다. 지난 봄 화분에 보충하고 남은 여분의 흙을 비닐로 감싸고 옥상 한쪽에 두었는데, 몇 그루에서 피어난 방아 씨앗이 그곳까지 날아간 모양입니다. 화분 여기저기서 싹이 돋아난 방아는 매일 물을 주어서 그런지 아주 잘 자랍니다. 비닐로 감싼 여분의 흙에서도 두 그루가 자라는데, 호스가 거기까지 미치지 못해 물을 준 적이 없었답니다. 그런데도 이 녀석들은 잘만 자랍니다.

다른 녀석들은 물의 빈곤을 느껴보지 못한 채 화분에서 풍요롭게 자라서 하루라도 물을 거르면 축 늘어진 반면 이 녀석들은 땡볕 아래서도 시들어 본 적이 없습니다.

아마도 싹을 틔우면서 이러한 날씨를 예감이라도 한 듯 절제와 자기 통제를 통해 지속된 가뭄에도 끄떡없었나 봅니다. 이러한 사실은 바위 틈에 자라난 소나무를 보아도 알 수 있습니다. 제 스스로의 분수를 알

뿐만 아니라 어떠한 악조건도 견뎌낼 수 있는 강인함을 기르면서 서둘러 자라지 않습니다. 그래서 고고하고도 아름답습니다. 반면에 인위적으로 심은 가로수나 농작물에게는 이러한 강인함을 기대할 순 없습니다.

문득 자녀를 '사브라'라고 부르는 유대인의 교육법이 떠오릅니다. 비한 방울 내리지 않는 사막에서 자라는 선인장, 그 인고 속에서 꽃을 피워 맺힌 열매가 '사브라'입니다. 그들은 자녀들에게 어렸을 때부터 '사브라'의 강인함을 일깨워주고 있는 겁니다.

자, 이제 애정운에 대해 생각해 봅시다. 사랑하는 남녀에게는 자연스레 시련이 찾아오게 마련입니다. 이 시련을 스스로 견뎌낼 수 있는 강인함을 길러야 고고하고 아름다운 사랑을 이룰 수 있을 겁니다.

어느 날 부부관계에 문제가 생긴 40대 후반의 남성이 필자를 찾아왔습니다.

"예전에는 부부관계도 자주 하는 편이었는데 이제는 각방을 쓰고 있어요. 여자들이 좋아한다는 명품 가방도 선물해 주고, 처갓집에도 선물을 자주 하는데도 부부 사이가 도통 좋아지지 않고 있어요."

그에게 아내의 나이를 물어보았더니 자신과 동갑이라고 했습니다. 그래서 필자는 이렇게 이야기해 주었습니다.

"개인차가 있기는 하지만 40대 후반부터는 갱년기가 시작됩니다. 이때 여성은 생식기능이 소실되어 생리를 하지 않게 되거나 우울증이 생길 수도 있지요. 이러한 현상은 자연스런 현상이고, 인위적으로 선물공세를 펼친다고 좋아지기는 힘듭니다. 하지만 가뭄이 언제나 계속되지 않듯이 때가 되면 곧 회복될 겁니다. 갱년기를 자연스런 현상으로 받아들이고 언젠가 아내 스스로 회복할 수 있다고 믿으면 곧 좋아질 겁니다. 가뭄에도 살아남는 대자연의 식물들처럼 우리 인간에게는 자연치유력이 있기 때문이죠."

그러면서 필자는 부부가 함께 산책이나 여행을 하라고 하면서, 다음과 같이 일상에서 실천할 수 있는 해결책을 소개해 주었습니다.

# 웃음과 미소만으로도
# 자연치유력을 배가할 수 있다

부부간의 애정이 남다른 사람들을 지켜보면 대화를 통한 소통을 중시합니다. 그래서 사소한 일도 늘 밝은 미소를 지으며 상의하는 것을 볼 수 있습니다. 그러다 보니 자연스럽게 집 안에서 화목한 웃음소리가 끊이지 않는 것 같습니다.

맑고 밝은 웃음소리, 환하게 미소 짓는 일련의 행위는 우리 몸에 이롭습니다. 해맑은 미소와 밝은 웃음은 우리 몸 전체의 긴장을 완화시킵니다. 질병을 일으키는 일차적인 원인이 마음의 긴장 때문이라는 것은 이제 잘 알려진 사실이죠.

마음의 긴장을 해소하는 데 부부간의 다정함만 한 게 없을 겁니다. 대체적으로 부부는 하루 중 가장 많은 시간을 함께 보내기 때문이죠. 부부는 하루 7~8시간 내외를 잠자리에서 같이 보냅니다. 긴장의 연속인 직장을 벗어나 가정에서 가족과 화목한 시간을 보내며 심신의 긴장을 해소할 수 있습니다.

마음의 긴장은 곧 근육의 긴장을 유발하고, 근육의 긴장은 곧 혈관을 압박하여 혈액순환을 더디게 하며, 혈액순환의 부진은 해당부위의 체온을 떨어뜨릴 뿐만 아니라 세포의 신진대사작용에도 악영향을 미칩니다. 우리 몸의 가장 기본 단위인 세포에 에너지를 공급하는 혈액이 혈관의 압박으로 원활히 흐르지 못한다면 해당부위의 세포들은 아우성을 치게 마련입니다.

이러한 현상이 장기화되면 저림이나 통증 등의 신호를 통해 해당부위에서는 집단적으로 도움을 호소하게 됩니다. 더구나 이러한 현상이 지속되면 국부적으로 혈액순환이 더딘 곳만 문제가 발생하는 게 아니라 혈액이 유입되지 못한 만큼 또 다른 곳에서는 혈압 상승이 유발됩니다.

이러한 현상은 웃음으로도 치유할 수 있습니다. 우리는 웃을 때 소리 내어 웃는데, 소리라는 파동이 몸 전체의 세포와 공명共鳴을 일으키기 때문입니다. 우리가 내는 소리들은 에너지적인 요소뿐만 아니라 다양한 정보를 담아 전달할 수 있죠. 따라서 소리를 내며 웃으면 좋은 에너지가 몸 구석구석에 미치게 됩니다. 아주 유쾌하고 즐거운 이미지 정보를 담아 웃는 것과 다른 사람이 웃으니까 막연히 따라 웃는 것은 질적인 면에서 확연한 차이가 납니다.

부부를 중심으로 온 가족이 함께 어울려 웃을 수 있다면 더할 나위 없이 좋겠지만, 대부분 혼자 있는 시간이 많은 요즘 사람에게 웃음소리를 대체할 대안은 바로 미소랍니다. 소리라는 파장 대신 밝고 맑은 이미지 정보를 마음에 담아 미소를 지을 수 있다면, 이 또한 우리 몸과 마음의 긴장을 완화시킬 겁니다. 소리 내어 웃는 것이 힘들다면 거울을 보면서 해맑은 어린아이처럼 미소만 지어도 심신에 많은 도움이 된답니다.

그리고 무엇보다 중요한 것은 부부가 나란히 잠자리를 함께하는 거랍니다. 요즘 각방 쓰는 부부들이 의외로 많은데 건강한 몸과 마음을 유지하는 데 그다지 도움이 되는 것 같지는 않습니다.

여러분도 경험하셨을 겁니다. 부부가 다정히 잠을 자고 난 아침과 어떤 이유로 각방을 썼을 때의 다음 날 아침의 기분이 어떠한지 말입니다. 부부간의 애정은 어느 한쪽이 일방적으로 이루어낼 수는 없습니다. 서로의 관심과 노력이 필요합니다. 부부싸움은 칼로 물 베기라는 말이 있는데, 이는 곧 잠자리에서 이루어질 수 있는 일이 아닌가요? 애정운은 양과 음의 기운을 자연스레 서로 주고받아야 흔들리지 않는데, 굳이 부부관계를 하지 않더라도 함께 누워 잠드는 것만으로도 서로에게 좋은 에너지를 나눠줄 수 있습니다. 그만큼 잠자리의 역할이 중요한 겁니다.

# 한글 애칭이 애정운을 부른다

여보, 당신, 달콤, 새콤…. 남녀 간이든 부모자식 간이든 사랑이 담긴 애칭을 지어 부르면 자연스레 애정운이 싹틉니다. 애칭이란 본래의 이름 외에 친근하고 다정하게 부를 때 쓰는 이름으로, 연인이나 부부 사이를 돈독히 만드는 마법의 언어입니다. 이러한 애칭을 배우자 또는 연인에게 한 번쯤 사용해 보았겠지요?

이름은 당사자의 외모 또는 내면의 성정을 잘 살려내야 오래 기억할 수 있습니다. 옛사람들의 지혜가 담긴 이름 명名 자에 대해 살펴봅시다.

이름 名명은 저녁 석夕과 입 구口로 이루어져 있습니다. 夕석은 달의 모습을 본뜬 상형글자로 달이 해질녘 동쪽 산 위로 떠오르는 모습을 그려냈습니다. 고대에는 夕석이 해질녘과 밤을 의미하였지만 후대에 보다 구체적으로 밤을 의미하는 밤 야夜 자를 만들었답니다. 입 口구는 사람의 입을 상형한 것으로 신체기관에 국한하지 않고 다양한 쓰임으로 확장됩니다. 먹고 말하는 것은 물론 사람이 들고나는 문이나 한 개체를 말하는 단위 등 가장 활발하게 사용되는 기본부수 중 하나이죠. 따라서 이름 명名에는 깜깜한 밤夕에는 그 사물이나 사람의 구체적인 특징을 입口으로 말하여야 구분할 수 있다는 뜻이 담겨 있습니다.

이처럼 한자에는 스토리와 의미 등이 담겨 있으니 작명가들은 한자 이름을 짓는데, 오늘날에는 한글 이름도 많이 짓고 있으니, 여기서는 편리하고 익숙한 한글 이름 성명학을 이야기할까 합니다.

우리가 쓰고 있는 한글은 자음 14개와 모음 10개를 기본으로 하고 있는데, 한글의 자음과 모음은 음양오행에 따라 분류할 수 있습니다.

### <한글 자음의 오행도표>

| 성음聲音 | 오음五音 | 오기五氣 | 자음子音 |
|---|---|---|---|
| 아음牙音 | 각角 | 목木氣 | ㄱ, ㅋ |
| 설음舌音 | 치徵 | 화火氣 | ㄴ, ㄷ, ㄹ, ㅌ |
| 순음脣音 | 궁宮 | 토土氣 | ㅁ, ㅂ, ㅍ |
| 치음齒音 | 상商 | 금金氣 | ㅅ, ㅈ, ㅊ |
| 후음喉音 | 우羽 | 수水氣 | ㅇ, ㅎ |
| 입 모양에 따른 소리 | 고대 동양의 기본음계 | 오행 속성의 기운 | 모음에서 나온 아들 소리음 |

**<한글 모음의 음양도표>**

| 구분 | 음陰 | 양陽 | 중성中性 |
|------|------|------|----------|
| 모음 | ㅓ, ㅕ, ㅜ, ㅠ, ㅡ, ㅔ, ㅖ, ㅟ, ㅞ, ㅢ | ㅏ, ㅑ, ㅗ, ㅛ, ㅐ, ㅒ, ㅚ, ㅙ | ㅣ |

이와 같은 자음과 모음을 토대로 오행의 상생상극相生相剋, 오행이 서로 조화를 이루는 상생과 서로 충돌하는 상극에 따라 이름을 지어야 하는데, 기운을 돌아주는 상생을 따르는 것이 좋고 기운을 억제하는 상극은 피하는 것이 좋습니다.

오행의 상생과 상극은 다음과 같습니다. 목木은 화火를 낳고木生火, 화火는 토土를 낳고火生土, 토土는 금金을 낳고土生金, 금金은 수水를 낳고金生水, 수水는 목木을 낳는水生木 것이 상생이며, 수水는 화火를 극하고水剋火, 화火는 금金을 극하고火剋金, 금金은 목木을 극하고金剋木, 목木은 토土를 극하고木剋土, 토土는 수水를 극하는土剋水 것이 상극입니다.

우리가 부부 사이에 종종 부르는 애칭으로는 '여보'와 '당신'이 있는데, 이것들을 예로 들어 음양오행의 상생과 상극을 살펴보겠습니다. 여보는 자음 'ㅇ'과 'ㅂ', 모음 'ㅕ'와 'ㅗ'로 이루어져 있습니다. 한글 자음의 오행도표에 따르면 'ㅇ'은 '수水'이고 'ㅂ'은 '토土'에 해당하고, 한글 모음의 음양도표에 따르면 'ㅕ'는 '음陰'이고 'ㅗ'는 '양陽에 해당합니다. 즉 자음 'ㅇ'과 모음 'ㅕ'로 이루어진 '여'는 '수음'이고, 자음 'ㅂ'과 모음 'ㅗ'로 이루어진 '보'는 '토양'입니다.

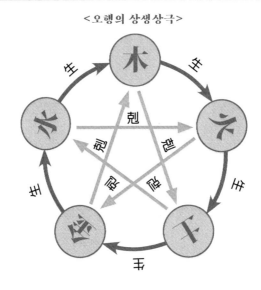

<오행의 상생상극>

그런데 오행의 상생상극에 따르면 토土는 수水를 극하는土剋水 것이 상극인데, '여보'라는 글자는 '수水'와 '토土'로 이루어져 있으니 토극수土剋水가 아니라 극剋을 해야 할 토土가 수水로부터 업신여김侮을 받고 있습니다. 따라서 극을 받는 것이 오히려 힘이 더 강성해지는 수모토水侮土의 양상이 펼쳐집니다. 그러니 상대를 부드럽게 대하는 어감이 형성됩니다.

그러나 '당신'은 자음 'ㄷ'과 'ㅅ', 모음 'ㅏ'와 'ㅣ', 받침 'ㅇ'과 'ㄴ'으로 이루어져 있습니다. '다'의 아래에 붙는 'ㅇ'과 '시'의 아래에 붙는 'ㄴ'은 받침이니 무시해도 됩니다. 한글 자음의 오행도표에 따르면 'ㄷ'은 '화火'이고 'ㅅ'은 금金에 해당하고, 한글 모음의 음양도표에 따르면 'ㅏ'는 양陽이고 'ㅣ'는 '음陰'에 해당합니다. 즉 자음 'ㄷ'과 모음 'ㅏ'

로 이루어진 '당'은 '화양'이고, 자음 'ㅅ'과 모음 'ㅣ'로 이루어진 '신'은 '금음'입니다. '당신'이라는 글자는 '화양'과 '금음'으로 이루어져 있으니 화火는 금金을 극하는 화극금火尅金이 되어 강한 어조로 하대하는 듯한 어감이 형성됩니다.

'당신'은 부부 사이뿐만 아니라 윗사람이 아랫사람을 부를 때도 사용하는 호칭인데, '당신'보다는 '여보'라는 애칭이 보다 다정하게 느껴지고, 애정운을 보다 많이 일으킨다는 것을 알 수 있습니다.

부부 사이뿐만 아니라 연인 간에도 이러한 한글의 음양오행에 따라 애칭을 지으면 애정이 더욱더 돈독해지지 않을까 싶습니다.